美美与共——杭州丝绸与世界

费建明 著

浙江工商大學出版社
ZHEJIANG GONGSHANG UNIVERSITY PRESS
·杭州·

图书在版编目(CIP)数据

美美与共:杭州丝绸与世界 / 费建明著.
—杭州:浙江工商大学出版社, 2021.1
ISBN 978-7-5178-4204-0

Ⅰ. ①美… Ⅱ. ①费… Ⅲ. ①丝绸工业—经济史—杭州—文集
Ⅳ. ①F426.81-53

中国版本图书馆CIP数据核字(2020)第251710号

美美与共——杭州丝绸与世界
MEIMEIYUGONG—HANGZHOU SICHOU YU SHIJIE

费建明 著

策　　划	刘双双　马　静
责任编辑	吴岳婷　尹　洁
封面设计	须秋洁　林朦朦
责任印制	包建辉
出版发行	浙江工商大学出版社
	(杭州市教工路198号　邮政编码310012)
	(E-mail:zjgsupress@163.com)
	(网址:http://www.zjgsupress.com)
	电话:0571-88904980,88831806(传真)
排　　版	杭州朝曦图文设计有限公司
印　　刷	杭州高腾印务有限公司
开　　本	710mm×1000mm　1/16
印　　张	11.25
字　　数	129千
版 印 次	2021年1月第1版　2021年1月第1次印刷
书　　号	ISBN 978-7-5178-4204-0
定　　价	42.00元

序一

　　丝绸有着5000多年的悠久历史,织绣着中国文化,传承着东方文明。2000多年前,中国丝绸沿着丝绸之路走出国门,惊艳了世界,促进了世界贸易的繁荣和文化的交融。中国丝绸这一古老的产业绵延至今,正发生着深刻变化,展现着新时代的魅力。

　　费建明先生出身于丝绸世家,从北大荒回城后,从当一名机修工开始,便投身于丝绸事业的发展。他支过边、创过业、教过书,从机修工到厂长,从杭州市丝绸行业协会会长到国际丝绸联盟秘书长,他有着一线的实践经验和对丝绸产业深入的思考,也有着学者的清醒和世界化的眼光,为中国丝绸产业的发展而探索着、奋斗着、坚守着,是一位执着的丝绸人。

　　《美美与共——杭州丝绸与世界》分为杭州丝绸篇、世界丝绸篇等三个篇章,主要收录了费建明先生从事丝绸行业工作以来发表的主题演讲、交流发言、报刊评论、考察报告、会议论文、书序,以及一些发表在公众号和网站上的随记和个人感悟。文集中的很多文章保留了第一人称叙述的形式，将文章的发表背景和场合同时呈现，生动翔实地展现了作者当时的心境。整个文集从一个侧面反映了杭州乃至中国丝绸产业的发展历程，展现中国丝绸产业为"美美与共"做出的不懈努力。

杭州丝绸篇随着改革开放的时代浪潮展开，反映了国企改制、"一带一路"等时代背景下杭州丝绸行业摆脱困境、创新发展的探索和实践，杭州丝绸走向世界、更上一层楼的视野和底蕴，展现了当代杭州丝绸人敢问路在何方的勇气和胆魄。世界丝绸篇立足丝绸强国，以亲历者的视角，分析了世界丝绸产业的迁徙路线，介绍了意大利、法国，东南亚的越南、泰国、柬埔寨及非洲等地的丝绸产业发展状况，是全球丝绸产业凝聚发展共识、促进产业合作对话的一个缩影。

世界丝绸源起中国东方。作为杭州丝绸产业发展及国际丝绸交流合作的见证，文集反映了费建明先生随时代脉搏跳动，因丝绸产业跌宕而起伏的心路历程；展示了一代丝绸人致力丝绸强国，推进世界丝绸产业互联互通、共建共赢的奋进轨迹，体现了杭州丝绸人为中外丝绸的发展所做出的努力。

在丝绸的世界里，商旅不绝，锦绣未央。科技赋能，文化创新，东方丝绸之都将焕发出古老而美丽的别样精彩，昔日"日出万绸，衣被天下"的杭州将成为世界丝绸之都。这或许是费建明先生一直期盼的，也是他的丝绸情结之所在。

中国工程院院士

2020 年 6 月

序二

　　费建明先生在丝绸行业勤勉奋斗四十余年，他以杭州与国际丝绸交流合作使者的身份，促成了众多丝绸领域的国际交流与产业合作，极大地提升了杭州丝绸和杭州这座城市的国际影响力，充分体现了"丝绸之美、美美与共"的情怀。本书内容虽林林总总、包罗万象，但均紧紧围绕丝绸主题，并以一位丝绸人的视角，记录了杭州丝绸行业奋勇前行的脚步，也见证了杭州丝绸在世界的传播和发展。

　　杭州丝绸篇的一系列文章梳理了杭州丝绸的历史和地位，讲述了杭州丝绸的发展战略和创新模式。《国企改革：1994，敢问路在何方》《破局重组：1997，杭州丝绸业亟待战略性重组》提出了"转换体制""组建企业集团""多种经营""大贸易小生产"等在国企改制时代背景下杭州丝绸行业摆脱困境的战略决策。《承前启后：2013，杭州丝绸进行时》《合作创新：G20杭州峰会的丝绸情愫》反映了在"一带一路"倡议下，杭州丝绸行业的一系列发展理念与构想。《铸造品牌：杭州丝绸的品牌之路》剖析了新形势下杭州丝绸行业的内外环境,提出"品牌与创新"是杭州丝绸业发展的必由之路。《放眼国际:新丝路的人文精髓》一文则强调了成立"国际丝绸协会"的紧迫性和必要性,提出了国际丝绸行业组织的形式、架构和职责等设想。时至今日,杭州丝绸的地位和发展水平已被文章中提出的一系列设想所印证。如今,杭州也已成为名副其实的世界丝绸产业界的交流中心和商贸集散中心,成为"新丝路"上一颗闪亮的明珠。

世界丝绸篇则讨论了丝价与产业的关系,分析了世界丝绸产业的迁徙路线,思考了中国成为丝绸强国的取胜之道。文章以亲历者的视角,用真切生动的语言,介绍了意大利、法国、越南、泰国、柬埔寨以及非洲的丝绸人文历史和产业发展状况,对世界丝绸产业的合作历程、丝绸之路的人文精髓、国际丝绸产业的发展战略和丝绸在人类文明发展中的重要贡献等问题进行了深入的思考。《柬埔寨丝绸考察报告》促成了柬埔寨商务部丝绸行业促进发展委员会与国际丝绸联盟签订战略合作协议。《科莫湖边的博物馆:跨越世纪的丝绸情缘》反映了中国杭州与意大利科莫之间的深层次交流,以此为线索,中央电视台中文国际频道拍摄了电视专题片《城市1对1:中国杭州—意大利科莫》,浙江电视台国际频道拍摄了大型人文纪录片《锦程东方》。《携手发展:世界丝绸需要共同努力》则从更广阔的视角,诠释了国际丝绸行业间应有的共识,以及国际丝绸联盟应开展的重点工作,让国际丝绸联盟这个平台能真正成为世界丝绸产业互联互通、共建共赢的舞台。

本书可以帮助读者了解杭州丝绸的悠久历史和丰厚的文化内涵,领略中国丝绸的成长发展之道,体察世界丝绸"美美与共"的情怀。

李启正

《丝绸》副主编

国际丝绸联盟秘书长

杭州东方丝绸文化与品牌研究中心主任

目录
CONTENTS

杭 州 丝 绸 篇

国企改革：1994，敢问路在何方

（1994年6月）

　　继4月12日至17日市丝绸总公司吴经理、施书记和两位副经理带领处室领导干部赴苏州考察学习之后，5月10日，市公司施书记和孙副经理又带领杭丝联、福华、幸福、西湖、天成、杭丝织炼染等七家厂的厂长（经理）再度赴苏州做对口学习和考察。此行旨在认真学习苏州丝绸工业迅速发展的经验，充实完善杭州丝绸的"四大调整规划"，借它山之石，攻本地之玉，以缩小差距，力图发展。杭州市丝绸总公司领导对发展杭州丝绸的忧虑之深、决心之大，由此可见一斑。

　　厂长（经理）考察团分成三个组，根据实际，时分时合，从5月10日至14日，共考察学习了苏州绸缎炼染二厂、光明丝织厂、东吴丝织厂、振亚集团公司、新苏丝织厂、苏州第一炼染厂、苏州印花厂、吴江第一炼染厂、吴江第二炼染厂、吴江丝绸印花厂、吴江新联丝织厂、吴江新华丝织厂、吴江新民丝织厂、吴江新生集团公司、吴江新达丝织厂15家企业，并听取了苏州丝绸工业局和吴江丝绸公司的情况介绍。在整个考察学习过程中，受到了同行各单位的热情接待，有一个良好的外部学习环境。负有学习、考察和汇报任务的考察团成员每一个都精神饱满、全神贯注地认真提问、详细记录、虚心学习、真心求教,较好地完成了学习考察任务。下面分考察学习的总体感受和发展杭州丝绸的设想与建议两方面做一详述。

一、考察学习的总体感受

这次在苏州考察,可以说感触颇多,受益匪浅,概括起来主要有五点感受。这五点感受也正是杭州丝绸与苏州的主要差距所在。

(一)领导有强烈的使命感和责任感

无论是局(公司)领导还是厂领导,都以发展丝绸为己任,都深感丝绸作为当地的支柱工业,作为中国的传统工业,必须加速发展。虽然竞争激烈、市场险恶,但他们不气馁、不退却,他们在思考、在拼搏。面对1994年1—4月的严峻形势,苏州丝绸工业局朱佩霞局长响亮地提出了"改革、改组、改造"的"三改"方针;吴江新民丝织厂陈渊文厂长则一针见血地提出,国有企业要真正走入市场经济必须经过彻底的脱胎换骨,要冲破计划经济的惯性、工人贵族的惰性、利益分配的刚性。吴江丝绸工业公司的蔡雪熊总经理、苏州振亚集团公司的彭世涛总经理津津乐道企业的发展和丝绸的未来,从他们的言谈举止看,谁能想到他们都已接近或过了退休年龄。苏州新苏丝织厂吴延龄厂长58岁了,胃切除了一半多,党委副书记说他还是每天提前一小时上班到车间走一圈。这点点滴滴都让我们深深感到,两地丝绸工业发展快的重要原因就在于有一批愿为丝绸发展献身的领导干部。

（二）技改力度大，后劲潜力大

苏州丝绸行业十几年的技改投入远远超过杭州，这已是不争的事实。苏州"六五"期间已完成技改项目116个，技改投入1.34亿元；"七五"期间完成技改项目137个，技改投入3.7亿元；"八五"期间至1993年共完成技改项目350个，技改投入合计11.84亿元。而杭州丝绸的同期技改投入仅7.84亿元，为66.2%。苏州新苏丝织厂拥有490台有梭织机、274台喷水织机、24台剑杆织机，现在又安装了88台喷气织机；苏州振亚集团公司拥有400台有梭织机、200台喷水织机、400台平缝机，有1.2万吨的纺丝能力，现在又在新区投资了4亿元。1993年工业产值超2亿元的企业有新苏、振亚、光明、东吴、新生、新民、新华、新联、吴江一炼；实现利润超1500万元的企业有振亚、新生、新民、新华、新联，新生集团更是高达2500万元。而在杭州，如此规模的丝绸企业却寥若晨星。苏州丝绸行业的领导都有强烈的发展意识，他们敢于负债、敢冒风险的精神真是令人叹为观止。对比杭州丝绸企业在技改投入中瞻前顾后，被三五千万技改贷款压得迈不开步的状况实在令人惭愧。苏州丝绸工业局已制定了"九五"规划，技改投入已达10.5亿元，吴江丝绸公司蔡经理归纳说：吴江知名度的提高靠的就是丝绸行业的技改，现在技改已有丰硕的成果。这次考察使我们深深感到苏州、吴江两地的企业规模、企业效益都已超越杭州，而导致这一结果的直接原因就是技改投入带来的大的后劲和潜力，杭州丝绸企业如不猛醒，几年后差距还会进一步拉开。

(三)严格管理和过硬内功给人深刻印象

这里的管理指两个层次,一是局(公司)对下属各企业的行业管理,二是各企业内部的管理。在建立社会主义市场经济过程中,局(公司)既要按政企分开的原则还权于企业,又不能放弃行业管理,苏州丝绸工业局在行业管理上的力度确保了技改的进度和企业练内功的程度。丝绸局对各企业厂长(经理)有很多考核指标,仅技改用款进度考核奖励一项,振亚集团彭总1993年的获奖就达9000多元。特别令我们赞叹的是各企业的内部管理、文明生产水平远远优于杭州的丝绸企业,一走进苏州振亚集团公司和吴江新民丝织厂,马上给人一种现代企业的观感;苏州光明丝织厂到处都有醒目的口号"一丝不苟织光明",其去年质量一等品率为98.31%;吴江新华丝织厂以过硬的质量信誉赢得客户信赖,在绸缎销售转疲时,客户还打入1000万元预付款订它们的产品,而且每米销售价格都要高出杭州两三元。可是为什么当我们进入市场时,产品质量标准却随着供求关系波动? 栽什么树苗结什么果,我们应该对此进行深刻的反省。

(四)领导善于做人的工作,做思想政治工作

在市场经济的严酷竞争中,他们能以人为本,通过各种形式、各种途径,最大限度地调动干部和工人的积极性,凝聚了职工队伍,保障了丝绸行业的发展。苏州丝绸工业局在所属企业中进行销售收入增幅、实现利税增幅、出口创汇增幅、新品种投产、合资企业利税等流动红旗竞赛;奖励科技人员,给他们披红戴花,发奖金证书;给各厂2000多名班组长颁发了岗位证书;组织厂长(经理)卡拉OK比赛,由局长给厂

长(经理)的家属发年终奖励红包,一些大的活动都在晚上搞、在闹市搞,造成一种紧迫感、振奋感。苏州振亚集团公司的彭总经理经常参加厂内的歌舞晚会,和职工交朋友、拉家常。吴江新民丝织厂陈厂长有一套"三好"方针,即"对老年职工(包括退休)要待好,对中年职工要用好,对青年职工要教好"。吴江丝绸工业公司15年来共建职工宿舍(包括家属宿舍)29.9万平方米,职工人均14平方米。由于种种努力,其职工队伍相对稳定,技术素质也就相对稳定,苏州丝绸企业的农民合同工只占职工总数的13%,而杭州已达32%。

(五)领导具有忧患意识,不回避和掩饰矛盾

我们到苏州考察,苏州丝绸局给我们安排的第一站是苏州绸缎炼染二厂,这是我们考察计划中原没有的,这家厂今年1—4月亏损已达150万元。主动拿这么一家亏损厂给杭州同行考察,一需要勇气,二具有忧患意识。苏州丝绸工业局对困难、亏损企业的帮助非常及时,对这些企业领导班子的整顿非常有效,苏州绸缎炼染二厂的秦厂长是企业亏损后刚从丝科所调来的。在这次考察中,局(公司)领导和厂领导都坦诚地介绍面临的困境、难点、效益下降的幅度,分析原因,寻求对策。虽然一些干部也透露出在宏观环境面前的些许无奈,但每个领导的介绍都渗透着对企业深深的忧虑,没有一丝假、大、空,使人感到真实可信。我们认为,正是这种忧患意识和正视困难的勇气,才使他们能更快地找到一条走出困境的正确道路。苏州的丝绸一定会有灿烂的明天。

通过考察学习,使我们感到,杭州丝绸业与苏州的丝绸业比,既有差距,也有优势,切不可妄自尊大,也不必妄自菲薄。经过"八五"期间

的"四大调整",杭州丝绸业已大大缩小了与苏州的差距,在各项主要经济指标上已连续两年超过苏州。当前的严峻挑战,如果把握得好,或许正是一次腾飞的机遇。

二、对杭州丝绸发展的设想与建议

考察学习的目的是发展自我。在一大堆感性材料中进行归纳、提炼,结合实际,拓展思路,我们提出了设想与建议,与杭州丝绸的同行们共同商讨,供市丝绸总公司的领导们参考。

(一)确定发展杭州丝绸的战略思想

这对杭州丝绸的前途是至关重要的。在每一场大决战之前或每一个发展阶段,都必须有正确的、明晰的战略思想和战略目标,否则,就一定会贻误战机,再好的机遇也会失之交臂。这次考察途中,厂长们最重视的就是我们究竟该确定怎样一种战略思想。考察归来,我们在和市公司处室领导们的交谈中也把这一问题作为重中之重提出。苏州丝绸业发展之快,无疑是得益于技改投入的规模之大。杭州怎么办?是在苏州的技改道路上急起直追,在规模上达到"大哥大"地位,以保持"丝绸之府"的美誉,还是选择其他发展道路?选择什么样的道路才能胜券在握?殚精竭虑、反复权衡,最后我们认为发展杭州丝绸的战略思想应该确定为"采取比较优势战略,走适合杭州实际的发展之路"。

所谓比较优势战略,就是在经济发展的每一个阶段,都让产品技术、产业结构充分利用经济上的比较优势,从而获得经济的高速增长。

杭州丝绸与苏州、吴江相比,有几个明显的优势。例如观念优势、机制优势、产品优势，甚至连负债少也可以成为一种优势。近几年来，在杭州丝绸总公司的倡导和带领下，我们走的是一条解放思想、加快改革、简政放权、搞活企业的路子。这是一条符合我国政治经济发展趋势的，适合社会主义市场经济建设的路子。1989年，西湖绸厂率先在企业内部进行全方位配套改革；1990年，杭州丝绸炼染厂实行风险抵押承包；1992年1月，市公司召开改革现场会，推广两厂的改革经验；同年，东风丝绸印染厂改组成立凯地丝绸股份有限公司，西湖绸厂进行公司制改革，加快企业经营机制的转换；1993年天成丝织厂、杭炼厂都相继进行了公司制改造；西湖丝绸公司在进行了"一厂多制"的探索后，1994年又提出了作为杭州市产权制度改革试点企业的要求。这些改革实践及丰硕的改革成果，已使改革观念在杭州丝绸行业中深入人心。另一方面，由于市公司领导还权于企业，让企业自主走向市场的指导思想，杭州丝绸已健步进入市场经济。就今年1—4月的市场异常波动来看，杭州丝绸企业的抵抗能力已大于苏州；利润报表反映，杭州丝绸业1—4月实现利润2475万元，苏州为838万元；在企业创利的排行榜上，苏州去年的一些创利大户都已让位于杭州的凯地、纺机和西湖；但最重要的比较是，杭州的丝绸企业都已脱离了计划经济，已经在独立自主地"闯荡江湖"了，而苏州的丝绸企业与计划经济的脐带并未剪断，它们是在还有50%省公司的计划加工任务的前提下渡过眼前的难关的。不要小看了这一点差异。如果有一天和苏州同处于完全的市场经济中时，杭州丝绸就会显示出成熟和老练。今天，谁能培养造就一批懂得市场经济的现代企业家，那么谁就是明天的赢家。只有思想领先，经济发展速度才能领先。多投入可以多产出，观念与机制的投入也会有可观的产出。现在正倡导推广的"三九机制"可以说明这一点，西湖丝绸公司的变化也可作为佐证。该公司的实现利润在1993年比1992年增长了362.86%之后，1994年1—4月又比1993年同期增长86%。靠什么？主要靠观念与机制的领先。杭州丝绸只要在观念与机制上大做文章，一定还会大有作为。

杭州丝绸的产品优势也非常明显。以凯地的印花水平为领头的丝绸印染产品，以时装厂的质量水平为标志的年产1000万件真丝丝绸服装的生产能力，以纺机的自动缫丝机独占鳌头的纺机系列设备，以西湖的绢丝针织服装、油丝针织服装、杭丝织的真丝针织服装为代表的丝绸新品，这些产品技术和产业结构上的优势一经和观念上、机制上的优势相结合，就会转化为强大的生产力，促进经济的高速增长。

企业家都致力于使自己所领导的企业获得经济增长。实现这一宏图大略有两种途径可供选择。一是从扩大规模中获得增长，二是从现有规模中获得最佳效益后再考虑扩大规模。苏州选择的是第一种途径，杭州丝绸与苏州相比，在技改投入和企业规模方面，较为不如。这种优势是苏州在前十年的宏观环境有利于技改投入时抓住机遇、敢冒风险、顽强拼搏形成的。而现在的宏观环境是严格控制投资规模。引进国外先进设备要征关税、增值税了；税前还贷的优惠政策取消了；技改贷款的利息要接近当期生产成本了，而且大笔技改资金也贷款无门，极难到手。这一系列宏观调控措施，实际上已使企业技改处于低潮。因此可以说，杭州丝绸要想在近几年通过增加技改投入、扩大企业规模来赶超苏州已是困难重重。当然，我们可以大声疾呼，争取技改的优惠政策，但在宏观调控措施尚未改变，技改优惠政策尚未落实的前提下，我们应当也只能选择第二种途径，即从现有规模中获得最佳效益后再扩大规模。我们都可以据此检查一下自己的企业现有的生产能力是否已得到100%的发挥？产品质量还有多少差距？还有多大的潜力？例如西湖丝绸公司的服装厂有300台缝纫机，预计今年可获300万元利润，与时装厂还有50%左右的差距，那么，现在要考虑的当然应该是怎样缩小差距，而不是再扩大规模。厂长（经理）如果不能通过加强管理，使现有的生产规模发挥较好经济效益，就急于扩大规模，是很危险的。因为若再扩大规模，增加投入的同时也增加了负债，增加了包袱，如果产出不及时，效益不理想，就极可能被拖垮。苏州丝绸1—4月份利润仅838万元，振亚集团1—4月利润仅270万元，其中的重要原因之一，我们认为，就是技改贷款的利息从1994年起计入当期生产成本所致。所以我们说负债少也是一种优势。当然，这样说绝不是认为可以不搞技改、不敢投入、不要规模。在当今世界，我们仅仅依靠扩大内涵生产是远远不够的，我们还必须扩大必要的外延生产。如果我们停止技改投入，那么杭州丝绸与苏州丝绸的差距就会变得无法弥补，如果我们停止技改投入，那么连续的通货膨胀和职工收入的刚性增长最终一定会把企业压垮。我们应该提倡的技改方针是适时、必需、有效。如这一次考察团的所有厂长几乎都认为丝织厂为调整品种结构添置加捻设备是必需的。这种技改花钱不多，却可以改变杭州丝绸在品种结构上的被动局面，这种投入所产生的效益一定会大大高于账面上可直接计算的利润。总之一句话，我们应该从现有规模中获得管理效益后，抓住时机，看准项目，进行企业发展必需的技改投入。

杭州丝绸还必须承认一种客观现实，即杭州丝绸在杭州的地位是无法与苏州丝绸在当地的地位相比拟的。苏州丝绸是苏州的支柱产业，丝绸工业局局长是党的十四大代表，振亚集团总经理是省人大常委会委员、全国五一劳动奖章获得者。处于如此举足轻重的位置，当地政府的优惠政策对丝绸行业倾斜是势所必然的事。杭州丝绸在昨天和今天,都未曾达到如此重要的地位,在可以望见的明天也不必期盼这种转变。承认这种现实,也就更坚定了我们确定"采取比较优势战略,走适合杭州实际的发展之路"的战略思想的决心。

(二)加强行业的管理、教育、考核,正确处理好行业管理与政企分开的关系

杭州丝绸与苏州丝绸的竞争,是地区行业间的竞争,这种竞争必须在统一指挥、统一规划下才能进行。如果我们用散兵游勇去和纪律严明的大兵团作战,那肯定会不堪一击。苏州丝绸在继续保留部分计划体制的情况下,行业管理也继续保持着一定的力度。杭州丝绸则一直被这一问题困惑着,即在政企分开的前提下怎样加强行业管理。

我们认为:从计划经济到市场经济的过渡,是经济状态从有序到无序再到有序的否定之否定,为了加快此一进程,就需要进行行业管理。行业管理实质上也就是在市场经济中对国有资产的管理。市丝绸总公司既负有行业管理的职能,就肯定要对提高行业素质、加速行业发展负责。因此,市丝绸公司不必为加强行业管理是否会损害企业自主权过虑,各厂也应该自觉地接受领导和管理,不应单方面强调企业自主权而不顾及整体与局部的关系。在此思想基础上,就比较容易处理行业管理与政企分开的关系。按政企分开的原则,市丝绸总公司将不干涉企业的内部事务,不侵害企业的十四项权力,但市丝绸公司在制订行业的发展规划时,可以规定每个企业在完成行业发展目标中应尽的责任,有权采取具体措施监督、规范每个企业在促进行业发展中的行为。市丝绸公司为杭州丝绸在"八五"期间的发展制订了"四大调整规划",一个很好的发展规划,如果真的只实施了50%,那就一定

和发展规划中没有明确规定企业的责任、没有采取措施规范企业行为有关。为了实现行业的发展战略，仅仅只是靠企业的自觉已远远不够了，在这儿，必须强调纪律和服从。这是最现实、最重要的行业管理，如果我们在这一点上达不成共识，那就意味着放弃与苏州丝绸的竞争。

行业管理还可体现在政策引导上。在社会主义市场经济建立之前的"阵痛"中，有的企业会消亡，有的企业会发展，靠的是什么？最重要的就是加强理论学习、重视政策研究。企业要发展，少不了吃苦耐劳、克勤克俭，但社会发展到今天，特别是到了整个社会的利益格局进行重新调整的时候，企业的发展光靠埋头苦干已经不够了，企业的发展速度已经取决于你熟悉政策的程度和运用政策的水平，取决于你对政治经济形势的了解和分析。就一个企业而言，在宏观调控中只能处于从属被动地位，但如果能多做研究，采取相应对策，企业就可以少受损失、多增效益。苏州振亚集团今年成立了政策研究室，配备了三名专职人员，可见他们的重视程度。西湖丝绸公司去年仅运用了合资企业销售坯绸，代为委托加工炼白这样一条政策，就使税转利75万元。今年，该公司专门设立了政策研究奖。作为一个企业，可以研究政策，推广运用政策的经验，依靠政策来推进行业的发展。苏州丝绸局朱局长谈到丝绸行业内的企业兼并时说，亏损企业的技改贷款可以挂账停息。这就是依靠政策推进行业发展的实例。其实，亏损企业的亏损额还可以冲抵国有资产，这一条政策也值得我们在产权制度改革中充分运用。国家的政策很多，只要运用得好，给企业多创几十万元，甚至上百万元利润也不是件难事。市丝绸公司完全可以在行业管理中通过对政策的研究，教育和引导企业依靠政策发展自己。

行业管理中还应该重视建立科学合理的考核体系。企业内干部工人的积极性、荣誉感、向心力无不与考核体系有直接的关联。市丝绸公司也应该通过对各企业经济指标经常性的多形式的考核及进行对比、竞赛、奖励等来增强行业的凝聚力。在这一点上，苏州丝绸局确实有很多做法值得杭州丝绸业借鉴学习。例如从1994年起苏州丝绸局已对六家大厂的厂长实行规模效益工资，由企业上交一定比例的工资基金，工资基金由丝绸局统一调剂使用，经考核后，厂长在丝绸局领取工资。这种分配方式的益处是不言而喻的。

三、发展杭州丝绸的几条可行之路

只有在确定了杭州丝绸的发展战略、对加强行业管理达成共识之后，再来讨论发展杭州丝绸的可行之路，才会产生实际意义。所谓"条条道路通罗马"，话虽然不错，但有的是远道，有的是捷径，有的崎岖，有的平坦。我们试着提出几条可供选择的发展之路，市公司领导和各企业领导可以择其一二，也可以同时并举。

（一）通过企业体制的转换，引进资金，引进机制，增添企业活力

企业进行技术改造以扩大规模、增添后劲本是件好事，但为什么其中有很多争议，有很多犹豫？关键是负债与还贷的压力太大，吴江丝绸公司范副经理有一句很形象的话，称技改是"功在国家，利在银行，债在企业"。意思是技改后产权属于国家，利润都给了银行，只有债务却长期压在企业。可以说，这种状态在国有企业的技术改造中是难以改变的。但我们却能通过企业体制的转换，建立股份制企业或中外合资企业，引进资金，来摆脱技改带来的压力。吴江新生集团将自

己的生产主体丝织厂拿出来搞中外合资,让对方占51%股份,吸收了600万美元资金,今年2—3月份厂丝涨价最厉害时,他们却有资金实力一下子购入100多吨厂丝。新民丝织厂的陈厂长说:搞股份制或中外合资,是人家拿钱来救你,来帮你分担风险。引进资金不光解决了技改不负债、不还贷的问题,而且还能改变企业的盈利状况,增加企业效益,如杭州的东风印染厂成立股份公司,如果募集的法人股多,自己一下子用不完,转借出去的资金利息就可变成利润;西湖公司去年成立了三个合资企业,外方都占51%股份,到位资金合计2400万元人民币,如果这是西湖公司自己的技改贷款,1994年就应该有240万元贷款利息进当期生产成本,利润就相应减少,再加上合资企业所得税"两免三减半"的优惠政策,企业能够从中获得多少利益,大家一算就很清楚了。

国有企业在转换体制建立股份制或中外合资企业时,还能引进新机制,摒弃一些僵化、陈旧的管理模式,给企业增添活力。企业内的管理制度和运行机制,实际上也都是很重要的生产要素。好的制度和好的机制可以使一个困难企业起死回生。我们不少国有企业的厂长(经理)虽然看到本企业机制上存在的弊端,但又感到很难突破。这种领导思想观念中的禁锢和职工对新机制的心理承受能力,往往在国营有企业转变为股份制企业或中外合资企业后就迎刃而解了。这一点在已经成立的股份制企业或中外合资企业中都有体现。

1994年,国有企业的产权制度改革已成为建立现代企业制度的重点,这对企业来说也是一种机遇。作为国家,希望通过产权制度改革确保国有资产不流失和建立国有资产增值机制;作为企业,则除了做到以上两点之外,还要抓住这一机遇,设法增添企业的凝聚力。杭州丝绸总公司完全可以在这次产权制度改革中引导部分企业互相联合，成立股份有限公司或有限责任公司，即有利于形成优势互补的产业结构，还可以通过产权明晰，使职工在企业中享有股权，使经营层在企业中入大股，从而进一步充分调动干部和工人的积极性。我们相信，企业经营者一定能为了国家、集体、职工的利益舍弃自我，正确对待企业间的相互联合、合并甚至于兼并。20世纪50年代初，杭州丝绸的小企业都是在社会主义改造中合并成一定规模的中型企业的，"八五"期间杭州市丝绸行业又合并、兼并了16家企业，这两次重要的合并，都对杭州丝绸的发展做出了积极的贡献。现在以产权制度为中心的现代企业制度，给每个企业提供了通过联合或合并，形成先进机制和凝聚力的绝好机会。虽然这会使一些经营者从"小国之君"变成"大国之臣"，但这不应该成为主要的障碍。

（二）通过生产要素优化配置，组建企业集团，形成规模经济

我们很多人都担心，杭州丝绸行业的规模越来越不及苏州与吴江，所以想通过加大技改投入来改变这种状况。但要扩大企业规模还有其他途径，组建企业集团就是其中之一。吴江新民丝织厂陈厂长对这一点有独到的看法。他认为："为了抑制丝绸行业从朝阳工业变成夕阳工业，丝绸企业必须联合起来，组建集团。强强联合最有优势，但因为观念问题，现在做不到，所以就产生了一个个企业产品自我延伸形成的集团。"这是一种无奈，这种无奈的发展过程实质上使竞争更加激烈，也加速了一些企业的破产倒闭，浪费了宝贵的资源。面对这种无序的经济状态，市丝绸总公司作为行业的主管部门，有责任、有权利、也完全有能力改变之。市公司可以以各企业的产品优势、机制优

势、设备优势、地理优势为依据,将各企业的生产要素进行优化配置,选择一个核心企业,配置几个紧密层企业,依次使丝绸行业的所有企业形成几个企业集团。既可以强强联合,也可以以强带弱。每个集团负责杭州丝绸发展的一个主攻方向,各自承担在杭州丝绸发展中的规定责任;也可以组成几个综合性发展的集团,再建立一种优胜劣汰的竞争机制。通过这种生产要素的优化配置,可以使优质畅销的产品最大限度地占领市场;可以使适合于市场经济运行的有效机制以最快速度得到推广;可以使先进设备得到最好的管理,发挥最大的效用;可以使黄金地段产生黄金效益。通过组建企业集团,企业规模得到了快速扩张,通过吸收其他半紧密层企业或兼并企业,还可以使企业集团进一步扩大。集团形成一条龙后,必然还会降低生产成本,使产品更具竞争力。这种通过优化配置形成的规模经济应该具有很强的生命力,对杭州丝绸的快速发展将会产生很大的促进作用。

当然,在组建企业集团中还有一个重要问题应妥善处理好,即应等待时机成熟。去年,有的行业主管部门在组建集团公司时被批评为成立翻牌公司,我们应避免重蹈覆辙,我们认为比较好的方法是:以本企业为主体,产品经自我延伸已形成多个经济实体,已达到多种经营并举的,可独立先成立集团公司;通过联合或合并的股份有限公司、有限责任公司,在正常运转后,在自愿的基础上,可联合成立集团公司;经过进一步的发展和管理水平的提高,几个集团也可以联合成立集团总公司,建立中国的"丝绸托拉斯",这也是丝绸行业发展的总趋势。

(三)通过技术改造,进一步提高杭州丝绸业的整体水平

杭州丝绸业与苏州丝绸业相比,优势在印染、服装、缫丝、机械;苏

州的优势在织造、纺丝、三产。要继续保持杭州丝绸的领先地位,并将劣势逐步转化为优势,就必须注重技术改造。通过技改,提高设备的技术含量和新度系数,以高科技将劳动密集型产业转换成半劳动密集型产业。

杭州丝绸业的技术改造应确定为:印染填平补缺、缫丝精益求精、机械配套服务、纺丝逐步增量、织造重点投入。服装则应通过软技术的引进、提高,上水平、上档次。企业技改工作应围绕杭州丝绸整体水平的提高,应在总体规划下实施。

在当前实施宏观调控、压缩固定资产投资的情况下,杭州丝绸可以通过向市委、市政府反映杭州丝绸与苏州丝绸在技改上已存在的差异,争取政府支持。各丝绸企业都应该继续做好技改项目的可行性分析,做好前期准备,一旦技改政策放宽,就可以迅速迈开脚步,抓住时机,发展自己。

有资金实力的企业和能够引进外资、引进其他法人资金的企业,一定要紧紧抓住技改这一环节,选准项目,果断投入,在技改中提高自己的竞争能力,在技改中发展壮大自己。技改的风险很高,但我们不能因风险高而不敢为,也不能因得益高而轻率为,能否把握得恰到好处,对经营者的决策能力、管理水平是最严峻的考验之一。

(四)通过"一业为主,多种经营""大贸易、小生产"确保杭州丝绸业充满朝气

丝绸生产的演变过程已经可以使我们窥见丝绸从朝阳工业到夕阳工业的历史轨迹。在日本、意大利等发达国家,丝绸工业实际已遭淘汰,大量的设备正在拍卖转移到发展中国家;中国的工业中心上海的丝绸业也已奄奄一息,面临淘汰;新加坡在苏州新建工业园区,200

亿美元的投资中竟不接纳一家丝绸企业。有识之士都已经在冷静地思考，我国沿海的经济发达城市，或者杭州，将会在什么时候经历丝绸工业的淘汰并无可奈何地将其向农村、向内地迁徙？既已看到了这种历史的必然，我们就应该尽早采取措施，延缓丝绸行业的衰老。那么"一业为主，多种经营""大贸易、小生产"就可以作为给丝绸行业服用的"青春宝"。

苏州丝绸局的张副经理形象地把它们"一业为主，多种经营"的做法称作"退二进三"，即从第二产业中退出一部分力量进入第三产业。苏州丝绸利用地理优势搞的第三产业已成一定规模。苏州第二炼染厂三产年收入300多万元；吴江新生集团已有营业执照80多张。当然，"一业为主，多种经营"的概念并非只是"退二进三"，准确的说法应是"从专业化经营到多样化经营"，可以是在第二产业中的多样化经营。杭州丝绸业大量发展的服装生产，新华丝厂的纺合纤丝生产，西湖公司发展的针织、炼染、砂洗，东升丝厂的生宝营养液，这些都是在第二产业中的多种经营。从专业化到多样化是对企业管理能力的一大考验，但不少企业在跨开了多样化经营的步伐后却没有获得回报，达不到预测的效益水平。获益是多种经营的关键所在，认识多种经营的好处是很容易的，但要真正从多种经营中特别是从第二产业的多种经营中获得成果，就必须付出艰苦的努力。西湖公司去年成立合资的针织公司，投产仅半年，现在月平均利润已达40万元，质量水平在杭州地区已首屈一指，这样的多种经营才真正达到了降低资金风险、加快企业发展的目的。

吴江新民丝织厂的陈厂长对"大贸易、小生产"有精彩的概括，称作"销售在外地，科研在当地，生产在内地"。他认为江苏、浙江丝绸行业从现在起就应该做出部署,应有计划地将生产重心移向内地,本地的丝织厂建成新产品开发和高、精、尖产品生产基地,产品销售则应走向世界,企业应早日到境外开设销售机构或分公司。杭州的喜得宝丝绸公司、天成工贸公司在这方面已有了成功的尝试,收到了很好的效果,杭州星辰丝绸公司已开始西征北战,把生产向四川、苏北扩散,去寻找新的经济增长点。实际上,这种"大贸易、小生产"的格局就是江浙丝绸行业共同的战略目标。而这种"大贸易、小生产"格局的形成最好又是通过企业集团这样的组织形式来实现。谁能够抢先实现"大贸易、小生产"的经济格局,谁就把握住丝绸业的明天。

上面虽然提出了可供选择的发展之路,但如果我们没有过硬的产品质量,没有严格的企业管理,没有以人为本的思想原则,那么我们只会在这条道路上停顿、徘徊、迂回、倒退。最后,我要说,通过这样的考察学习,有一点想法是非常深刻的,即发展杭州丝绸的道路就在我们脚下。《西游记》主题歌唱得好:敢问路在何方? 路在脚下。这是对现实的回答,也是对历史责任的勇敢承担。

(本文系 1994 年在杭州丝绸系统基层干部会议上的交流发言,原题为《敢问路在何方》)

破局重组：1997，杭州丝绸业亟待战略性重组

（1997年1月）

中华民族的一大传统行业，饱含着五千年历史文化的瑰丽和神韵的丝绸业正陷入前所未有的危机和困境之中。杭州丝绸行业当然也不例外。产业持续的下滑使人感到谷底深不可测，巨额亏损折射出困境的深重。本文试图从战略管理的高度，剖析杭州丝绸行业的内外环境，寻找陷入困境的关键因素，探求摆脱困境的战略决策。

一、走出误区，准确定位

行业的战略管理即是为达到行业目标制定战略、实施战略、评价修正战略的管理过程。在以往数年中，杭州丝绸行业并非缺乏战略决策。名噪一时的"四大调整规划"，1995年初提出的"抓总量，上化纤"，1995年制订的技改投入达16亿元的"九五"发展规划，都是以加速杭州丝绸发展为出发点的战略决策，但这些战略在实施中都没取得预想的效果。究其原因，无非是在战略形成时对行业的使命目标定位不准，对行业的内外环境分析不透，对丝绸业前景的判断过分乐观，在战略实施中缺乏必要的控制，在受挫后仍然缺乏冷静的思考，仍然不切

实际地固守着一些良好愿望等。所以,杭州丝绸行业的危机越来越大,陷入的泥潭则越来越深。

杭州丝绸行业的使命目标是什么? 是追求规模,赶超苏州还是采取比较优势,保持稳定增长;或是保留传统行业特色,减少亏损,确保生存? 我认为杭州丝绸行业几年来一直在追求总量、追求规模的目标误区中兜圈子。杭州因肩负着"丝绸之府"的美誉,总不甘心丝绸业在自己手中落于人后,这种心理定式导致了行业目标的偏移。杭州市的"九五"发展规划中已明确把丝绸业定位为竞争性产业,也就是说丝绸行业已不再是杭州财政收入的依靠对象,也已不再是政府扶优扶强的扶持对象。行业规模的大小、总量的多少,已没有其他非经济因素需要考虑,要考虑的只是怎样选择适当的规模在竞争中既保留传统的特色,又确保行业生存。这就是杭州丝绸业在目前形势下的行业使命,也是行业陷入困境时的一种无奈选择。

丝绸行业陷入困境从根本上来说是计划经济中的传统行业向市场经济过渡过程中的一种必然。从表象看,丝绸行业跌入深渊的直接动因是茧价的大起大落,深层次原因是政府有关部门习惯于用计划经济中的行政手段来施加宏观管理。

丝绸行业陷入困境的另一个深层次原因是市场需求不旺。国内连续几年的宏观调控过紧,微观经济效益不佳,市场购买力下降;国际上连续几年的经济不景气也使商品价格普遍下滑。这就造成了原材料生产成本上升与产成品价格下跌的"两头积压"现象,丝绸行业所处的生产空间变得越来越窄小。

丝绸行业陷入困境的外部环境是具有共性的,而各地的丝绸行业又有其不同的内部环境。在杭州丝绸行业内部,造成企业陷入困境的原因主要有两点。一是历史负担太重。目前行业在职职工共27316人,退休工人则达21000人,有的企业退休工人人数已超过在职工人,退休工人医药费按年人均2000元计算,行业全年支出就高达4200万元,这座大山压得企业喘不过气来。二是资产负债率过高。据不完全统计,行业目前的资产负债率为73.23%(已含土地评估值)。不少企业已资不抵债,濒临破产。资产负债率急剧上升主要是三方面的因素:一是技改走入误区,花巨资引进来的先进织机并不能产生相应回报;二是产品没有市场,好不容易抓出来的总量变成库存产品,大量资金沉淀积压;三是近三年明亏潜亏2亿元左右,资产大量流失。其他诸如引导市场的产品、资产结构不合理、基础管理薄弱、职工素质下降、质量水平不高、经营理念老化、企业体制不适应市场竞争需要等,也都是令企业陷于困境难以自拔的原因。

二、主动收缩,集中力量

我认为,针对杭州丝绸行业目前的形势,应该采取两大战略。

一是紧缩战略。收缩原已扩展的经营战略,缩小原已形成的经营规模。这是迅速采取措施防止局面继续恶化的必要手段。杭州丝绸行业正面临前所未有的困难,行业内的企业个数正逐年减少,紧缩已成定局。不再是愿意不愿意,而是被动与主动的问题。当一个企业实在生存无望了才考虑将其并入另一个企业,这只是一种被动紧缩,而且损失巨大。杭州丝绸行业现在应采取主动紧缩的战略,即按照"保留传统特色,确保行业生存"的使命目标,全盘考虑行业应保留的合适规模,对不宜继续保留的企业采取主动放弃和清算,停止劳而无获的努力,将损失减少到尽可能低的限度。

二是目标集中战略。行业可以在战略上将某些企业集中于某个市场,来为自身创造竞争优势和建立市场地位。杭州丝绸行业目前尚存的20家企业,各有各的目标,也各有各的市场和经营手段,但毕竟散落于大市场中,既没有整体优势可言,还免不了相互竞争,使行业利益蒙受损失。目标集中战略与紧缩战略一起使用,就像是把分散的有生力量集聚起来,捏成一个拳头再打出去。

使用目标集中战略与紧缩战略要解决的一个共同问题是寻找共同目标,行业的总目标要服从紧缩战略。在教训面前,我们应该实事求是地确定一个通过三年调整紧缩后要达到的新目标,在行业的紧缩目标确定之后,就可以根据行业中丝织、服装、印染、贸易、三产等各个方面来确定需要集中优势兵力加以攻克的分目标了。

三、三点联动,重组优势

在杭州丝绸行业走出困境的总战略中,紧缩战略与目标集中战略是指导性战略,在这两个战略之下,还可制定以下可供操作的具体战略。

(一)以控股资产为纽带,盘活存量,优化结构,按战略目标重新确定法人

作为行业的主管部门,杭州丝绸工业总公司在改成杭州丝绸控股(集团)公司后,全系统的国有资产都成了控股公司的注册资本,控股公司代表政府对这些国有资产享有所有权、经营权、调拨权、转让权。这一质的变化为杭州丝绸行业制定走出困境的整体战略提供了良好的条件,思维的空间得到了极大的延伸,运行的区域得到了极大的拓展,权力之集中、舞台之宽广、资产之众多,都是原丝绸工业总公司无

法比拟的。而当行业经营形势恶化,相当多的一级法人企业陷于困境,无法独自生存,行业需要采取紧缩战略时,控股公司对资产的所有权、经营权应该更多地表现为推动调整重组。它将暂时取消现有的一级法人企业对资产的经营使用权而按控股公司的战略意图把各个一级法人企业分割的资产重新组合,以求最大限度地盘活资产存量,优化资产结构,同时紧缩规模,割舍累赘,保存有生力量。在这一过程中,控股公司就必然要按既定的战略目标重新确定法人,将原有的20家企业缩减为15家,或者10家,以保证新确立的法人有完成经营战略目标所需要的合理的有效的资产量,使新确立的法人具有一定的活力和优势,并为新确立的法人选配素质高、能力强、愿意承担责任的经营者,这可称为"重整山河"。

"重整山河"除了调整重组、迎接新的挑战之外,还有一个重要的作用,即可争取享受国家对50个优化资本结构试点城市的优惠政策。杭州丝绸行业各企业在"八五"期间的技改投入共计6.4亿元,期末流动资金贷款7.6亿元,通过资产重组,重新确定法人,如有20%贷款争取到挂账停息,行业全年可减少利息支出近300万元,这对行业经营效益的好转和现金流量的改善无疑是针"强心剂"。

(二)以产品市场为龙头,组成三五个集团军,每个集团军集中力量专攻一个战略目标

优化资本结构是为了改善条件,而想真正改善状况则要依靠产品、依靠市场地位。丝绸行业的厂丝、绸缎历来只做品号而不做品牌,服装又大都依靠订单做外贸,所以产品的竞争就相对激烈,更难建立自己稳定的市场。但杭州丝绸在国内市场中也有拥有一定影响力的品牌,如凯地、都锦生、喜得宝、永达来,这些品牌或因质量过硬,或因

历史悠久,或因广为传播,占有自己的市场份额,具备了创立名牌的基础。如果杭州丝绸行业能在这次紧缩政策中集中力量,组成三五个集团军,每个集团军围绕一个品牌生产产品,这样既保留了工艺织锦、高档真丝印花和真丝服装的行业特色,也在紧缩中增强了抢占市场的能力。当然,这里所指的集团军并非指把几个企业合并成一个庞大的企业,而是在一个集团军中可以有多个法人,多个法人的产品可以统一布局,大家齐心协力去攻占一个市场。这样既发挥了集中的规模效应,又保持了分散的灵活便利,也便于控股公司进行指挥管理。

以产品市场为龙头组成集团除了有利于抢占市场外,还可以争取到银行的资金支持。银行对企业贷款与否,很重要的一点是看这个企业的市场份额和产销平衡率。而当企业通过重组,显示出一种扩大市场的新姿态时,银行注入资金进行支持就会成为现实。杭州西湖工业有限公司在转制中全面合资,扩大了外销创汇能力,在短短两个月中,银行就增加了贷款1000多万元。如果杭州丝绸控股集团公司将原有企业进行脱胎换骨,明确我们可以占领的市场,就一定会增强银行信心,获得数千万元的贷款支持相信并不是一件难事。

(三)以出让地块为契机,建立行业的医疗待业保险基金,减轻企业的历史负担

老国有企业的富余人员工资和退休工人的医疗费使其从来就没有和乡镇企业、私有企业及新成立的企业站在同一竞争起跑线上。要改变老国有企业的经营状况,卸下历史包袱也是必不可少的措施之一。原先各个独立的法人企业,是很难解决这一问题的。现在,市政府为帮助市丝绸行业走出困境,已同意控股公司出让所属企业的地块,并把出让收益都留给控股公司在行业内解危救难。

我以为,控股公司正可以以此方式来减轻企业的历史负担。控股公司通过出让地块,可以获得几个亿的资金,如果划出两三个亿,建立一项行业的待业医疗保险基金,就可以将企业中的富余人员和退休工人集中到控股公司统一管理,用基金拆借获得的利息或投资回报支付退休工人的医疗保险,并对富余人员再就业进行岗位培训和就业安排。这样既能保证控股公司以下的法人企业全力以赴从事生产经营,又能使法人企业增添生机和活力,其结果必然是经营状况明显好转。当然,基金也会入不敷出、逐年递减,但只要杭州丝绸行业的整体效益好转了,也还可以争取新的政策,把每年利润的一定比例补充到基金中去。

以上三方面,虽然都是独立的具体战略,但实际上有很强的内在联系,最好是同时启动及实施。否则,效果就会大受影响。

四、理顺体制,注重控制

战略的实施需要与之相适应的组织结构,这里所说的组织结构主要分三个层次:一是控股公司的管理体制;二是集团军的管理体制;三是各个法人企业的管理体制。这三套管理体制相互间应该具有很强的控制约束机制,它们不是行政隶属中的上下级关系,约束应主要体现在资产关系、经济关系等方面,这才是从政府行政主管部门向经济实体的本质转变。管理体制中的直线制、矩阵制、事业部制、战略单元制并无绝对的优劣之分,关键是要适应所处的经济环境、竞争环境、企业的战略目标、企业的内部文化。按丝绸控股(集团)公司这样较大规模的经济实体,按其实际状况,选择战略单元作为组织框架比较合适。每个专攻单一战略目标的集团军就作为一个战略单元,战略单元的负责人可以由控股公司的副总经理兼任,战略单元的负责人向控股公司的总经理负责,战略单元内的法人企业经营者向战略单元的领导负责。这样分级负责可使控股公司内的资产关系更明确,成为一个真正的整体;也保证了管理的有效性,使指挥、协调、控制、监督、评价更直接、更具体;还能促进战略单元间的你追我赶,使各级领导更负责、更有积极性。

再好的经营战略,也要靠人去实施。而人的积极性是要在一种公平和谐、科学合理、充分信任、富有挑战性、具有激励功能的组织结构中才能得到最大限度的发挥的。所以我认为,杭州丝绸行业在战略实施中,一定要注重建立这样一种有利于发挥积极性的组织结构。要以激励机制为动力,引进人才竞争上岗机制,加强经营者队伍建设,充分体现各级经营者对实现战略目标的重要作用。在重组优化资产结构、减轻企业历史负担后,各个法人企业基本上已站在同一起跑线上,对业绩的考核已比较容易制定统一科学的标准。控股公司在战略实施中还应重视评价内容、评价体系的确立。及时准确的评价有利于实施对战略的控制,及时对战略中的不足之处进行弥补校正,公平地评价各个经营者的工作业绩并通过激励机制来发挥他们的积极性。

(本文发表于《杭州日报》,原题为《杭州丝绸业亟待战略性重组》)

由大到强:"四力合一"促发展

（2008年10月）

如何才能从世界公认的"丝绸大国"向"丝绸强国"转变,这是从政府到院校到企业都在探寻的问题。

一、提升设计水平,提高品牌价值

目前中国茧丝绸的生产、贸易总量占世界70%以上,从规模而言,"丝绸大国"的地位无人可撼。如何在"大"的基础上做"强"? 中国如今已有能力生产当今世界上最精良的丝绸生产装备,中国的缫丝、织造、制衣技术历史悠久而领先于世界各国,我们完全不必妄自菲薄。

一个真正的丝绸强国,不仅要生产贸易规模大、行业的装备技术领先,还必须能真正实现丝绸的价值,能掌握丝绸价格的话语权。现在的中国还不能称为"丝绸强国",缺的就是定价话语权,就是还不能实现丝绸产品的应有价值。我国出口的丝绸产品大量为生丝、坯绸等初级产品,我们的丝绸服装订单还是以"价廉物美"见长,缺乏知名品牌是中国丝绸的"软肋"。要想成为"丝绸强国",最关键的还是要走设计与品牌之路。

二、转变发展方式,形成"四力合一"

杭州市委、市政府为实现"弘扬丝绸之府　打造女装之都"发展战略,提出了政府主导力、企业主体力、市场配置力、协会推动力"四力合一"的举措,这是实现"丝绸大国"向"丝绸强国"转变的良好途径。

(一)政府主导力

政府的主导力是必不可少的。政府的主导力不仅能保证正确的方向,而且还能加快发展的速度。现在政府虽然不再掌握丝绸企业的资产所有权,但政府仍有足够强大的舆论导向力和政策扶持力,仍然可以在很大程度上左右产业的发展。例如对"中国将发展30个大型丝绸企业,并打造20个国内外知名品牌",商务部一旦已选准目标,那就可以和当地政府联手,对这些备选企业加大扶持力度,促进它们快速成长。

杭州市委、市政府每年从财政中拨款2000万元支持丝绸、女装企业的发展,每年不遗余力地与商务部共同举办中国国际丝绸博览会,既为丝绸搭建国际贸易平台,也为中国丝绸的"雄起"造势;杭州市委、市政府推出的"设计师人才发现计划",每年用公开、公平的方式从全国参赛选手中选拔6名优胜者,由政府出资送他们去法国巴黎服装工会学院培训,更是在为打造"国内外知名品牌"做铺垫。

(二)企业主体力

毫无疑问,中国要想成为真正的"丝绸强国",关键在于产业的发展。丝绸企业要把企业发展目标融入国家发展规划,在产业发展中求得企业的壮大。

如达利集团已把企业目标与实现"丝绸强国"紧紧结合在一起。2005年,达利集团就提出要建设一个世界一流的丝绸女装产业基地;2006年,又响亮地喊出了"成为世界第一丝绸企业"的口号。两年来,在厂区改造、设备引进、技术交流、研发设计、提升管理诸多方面竭尽全力。杭州市的调研报告提出:"已经在国内居于领先地位的达利集团,在迈向国际一流过程的扎实步伐中,又为杭州乃至整个中国丝绸女装企业树立起标杆意义,并为行业发展提供了众多可借鉴经验。"

在杭州还有一大批以实现"丝绸强国"为己任的丝绸企业,如丝绸产品出口稳居全国第一的凯喜雅、为北京奥运会呈献颁奖礼服的万事利等丝绸企业;在全国,更是有像江苏苏豪、山东海润、四川朗瑞、深圳华丝、上海丝绸等实力超群的大型丝绸企业以自己的模式和独有的优势吹响了实现"丝绸强国"的集结号。所以当2008年中国经济遭遇人民币升值、劳动力成本与原材料成本上升、宏观调控金融紧缩等困难,纺织行业整体下滑时,丝绸行业的效益仍然获得两位数的增长。这充分说明了丝绸行业顽强的生命力与卓越的市场竞争力,说明实现"丝绸强国"的步伐绝不会停顿。

(三)市场配置力

市场配置力从两个方面体现。一种市场配置力是市场规律。如果按市场规律办事,就会得到很多资源与机会;而如果违背市场规律,就一定会遭受损失和失败。另一种市场配置力是其他社会资源的支持协助。杭州在这方面已有很好的尝试。在杭的中国美术学院、浙江理工大学、浙江大学、中国丝绸博物馆等院校及事业单位,都与杭州的丝绸女装企业建立了密切的合作关系,共同组织行业内的大型活动、一起进行科研开发;在杭的媒体也为丝绸产业发展营造了良好的舆论环境;今年,杭州更是把丝绸女装列入十大特色潜力行业,予以政策支持。这样的市场配置为丝绸行业的发展注入了各种活力和动力,创造了更有利于发展的土壤与条件。

(四)协会推动力

协会在丝绸行业的发展中正扮演越来越重要的角色,它既是政府与企业间的桥梁,也是政府主导力、企业主体力、市场配置力的黏合剂。

体制改革后,丝绸企业全部改成了民营企业与外资企业,政府主管部门也随之精简。行业管理需要各级协会参与其中,发挥沟通协调、争取政策、互帮互助等作用。杭州市丝绸行业协会成立两年来,召开了两次会员大会、七次理事会,共商行业发展大计,还召开了两次丝价走势和经济形势专题讨论会,对行业发展的助推作用得到了政府和会员单位的肯定。为了实现"丝绸强国",各级丝绸协会都应加快提升自己的管理能力和协调能力。

(本文系2008中国丝绸高峰论坛主题演讲稿,发表于《杭州日报》,原题为《"四力合一"做大做强中国丝绸业》)

典型样本:达利(中国)的创新观察

(2010年)

一、品牌建设与科技创新是现代丝绸企业发展的必然选择

达利(中国)有限公司从各方面评价都是一家现代丝绸企业,其投资主体是1992年就在香港上市的达利国际集团。公司拥有国内规模最大的真丝绸印染基地,多年保持了真丝绸服装出口第一。从2006年开始,企业规划建设了"大气时尚、环保节能、装备精良、技术先进、管理卓越"的世界一流丝绸女装产业基地。2009年底被中国纺织工业协会授予"卓越绩效模式先进企业"称号。

但即使是一家现代丝绸企业,在发展中也会受到诸多制约。以下是一份浙江省丝绸协会编制的2010年1—5月全国丝绸服装出口企业统计表。

2010年1—5月全国丝绸服装出口企业统计表

序号	企业名称	出口额（万美元）	同比增长（%）	出口数量（套/件）	同比增长（%）
1	达利（中国）有限公司	1310.4	15.64	1020899	32.96
2	广东省中山丝绸进出口集团有限公司	891.7	68.47	837462	100.15
3	杭州新艺服装有限公司	843.5	−21.13	686859	−8.77

注：按出口数量排序。

达利（中国）出口金额增长了15.46%，而出口数量却增长了32.96%；广东中山丝绸进出口集团有限公司出口金额增长了68.47%，而出口数量增长了100.15%；杭州新艺服装有限公司出口金额下降了21.13%，而出口数量却下降了8.77%。这一组数据说明由于金融危机，全球的丝绸客户都竭力压低产品价格，中国现代丝绸企业的成本压力越来越大，盈利空间越来越小，现代丝绸企业的发展必须另辟蹊径。

因此，达利（中国）在2009年10月制订的企业三年发展规划中就有了"强科技 创品牌 聚人才 绩效翻番 成果共享"这样的发展战略。展开来叙述可以表达为：通过高新技术的科研开发增强企业核心竞争力；把生产制造的两端延伸，形成以设计、营销为主导的微笑曲线，着力创建中国第一丝绸女装品牌；将培养、招揽人才作为持续健康发展的动力，到2012年达到在2009年的基础上销售收入翻两番、实现利润翻两番的绩效目标，并使公司员工与有功之臣能分享到发展成果。

品牌建设与科技创新确实已成为行业的必然选择，也已成为现代丝绸企业最主要的发展战略。

二、用科技创新提升丝绸产品的价值与声誉

2006年7月,《时代》周刊发表过一篇对达利集团的专访文章。其中讲道:中国的丝绸曾经是世界上最好的,虽然现在仍是产量最多的,但已不再是最好的。这一结论是当时的事实,它刺痛了中国丝绸人的自尊心。达利由此立志,把"弘扬中国丝绸文化 重振中国丝绸辉煌"作为企业的使命,一定要在当代人的手中,使中国的丝绸重新成为世界最好的。

达利和浙江理工大学成立联合研发中心,和中国纺织工业协会信息中心联合成立中国纺织面料丝绸流行趋势研发中心。针对社会消费大众普遍认为的丝绸易起皱、易褪色、不易打理的特性,大力推进自主创新和高起点的技术改造,取得了多项具有自主知识产权的核心技术和高新技术成果。例如"可机洗丝绸面料"的发明专利,使丝绸服装、丝绸家纺产品能直接放入洗衣机中洗涤。再如"易洗免烫丝绸面料"的科研项目,使丝绸产品具有了防污、防渍、防皱的特点。这些科研成果都极大地提升了丝绸产品的附加值,扩大了丝绸产品的适用性,正在改变人们对丝绸产品的传统看法,扬长避短,使更多的人喜欢丝绸,使用丝绸产品。

在近几年中,达利加大科技投入的力度,引进国际最先进的印染后整理设备,选用意大利产的关键助剂,聘请意大利印染技术人员,加上和大专院校、科研机构不断合作研发新工艺、新技术,现在达利的丝绸产品在国际上已经不会再输给其他国家。中国在丝绸新工艺、新技术、新材料上的自主知识产权数也一定已经超越其他国家。所以,当金融风暴席卷全球,消费严重滑坡,出口遭遇重创的时候,丝绸产业还

能够抵御风浪,杭州市丝绸行业协会的会员企业没有一家被金融危机压垮。达利集团2009年在销售收入下降10%的情况下,利润反而增长了26%,达5050万元。预计今年实现利润还将创新高。由此,我们更进一步认识到,科技创新就是现代丝绸企业的核心竞争力。现在达利集团已是省级研发中心、国家高新技术企业。达利投入很多,但产出更多。虽然我们投入的是在金融危机中更显宝贵的资源,但也正是因为在科技创新上的大胆投入,才为企业赢得了健康发展的空间和值得期待的未来。

三、用品牌建设重铸丝绸王国的经典与传奇

前面我讲"中国在丝绸新工艺、新技术、新材料上的自主知识产权数一定已经超越其他国家",但还有后半句没讲,那就是"中国丝绸与意大利、法国的丝绸相比,差距就在品牌价值上"。同样的人生产出的同样的产品,挂上爱马仕品牌,价格可以差十倍,这就是中国丝绸多少年来只生产原材料,只做贴牌加工,不注重品牌建设酿出的苦果。临渊羡鱼,不如退而结网。羡慕国际品牌的高附加值,不如静下心来,打造自主品牌,进而打造中国名牌、国际名牌。虽然路有万里之遥,但九层之台起于垒土,合抱之木生于毫末,中国这一历史悠久的丝绸王国,曾经以丝绸作为代表产品的泱泱大国,一定会有属于自己的国际丝绸奢侈品名牌。

达利把品牌建设看作是春蚕化蝶的蜕变,是传统出口制造型企业向内外销市场并重的服装品牌企业的转型,是产业升级、做强做大的必由之路。达利已确定了创建中国丝绸女装第一品牌的目标,集团已构建了拓展中国市场的组织架构,建立了达利(中国)品牌中心。达利

创建品牌的策略是"充分发挥企业原有的资源优势,围绕突出品牌建设的设计与营销,多品牌出击,多领域作战,快速拓展,快速反应,创新营销模式,复制成功业绩"。达利从传统上说是一家外贸制造型企业,对国内市场并不熟悉,而生产制造人才与市场营销人才是两种完全不同的人才,企业精神与商业精神又是两种有很大不同的思想理念。广招营销人才,广泛吸取营销人员的建议、见解,在深入市场调研与分析的基础上做出经营决策,少走弯路,避免失误,力求用最短时间在国内零售市场站稳脚跟,进入快速扩张。现在其服装品牌建设已分成7个大区,已有160家直营店与数十家加盟店,今年的销售收入预计可达到2亿元。今年4月27日,《杭州日报》曾以《'秒杀'时尚就这么简单》为题对达利快速反应营销模式进行了报道。营销模式的创新也是一种竞争力。综观无数女装品牌在红海中的拼搏过程,真正能够脱颖而出的一定有不同于其他品牌的营销模式。达利的快速反应营销模式把传统的1年4次订货改成每2周1次全年26次视频订货,每两周有60个以上的SKU数上货到店铺,确保店铺中都是6周以内上的新货,真正引领时尚潮流。经规划,至2013年,达利集团年设计品牌服装款式可达4000个以上,建成终端销售1000个以上,年销售收入将达18亿元。达利的服装品牌已进入中国服装品牌的第一方阵。

四、在中国丝绸发展史上留下不可磨灭的印记

这是达利三年发展规划中的最后一个小标题,我把这一段引来作为本文的结束语,以表示达利的决心。

赚钱早已不是达利经营的唯一目的,甚至不再是主要目的。弘扬中国丝绸、使中国丝绸兴盛并再次成为中国强大的象征,已成为达利

孜孜以求的奋斗目标。再经过一个十年发展规划,达利强大的科研开发能力、优秀的品牌声誉、精湛的印染制衣技术及对丝绸行业发展所做出的贡献,一定会在中国丝绸发展史上留下不可磨灭的印记。当后人谈起丝绸之路、江宁织造、丝绸流行趋势、丝绸历史与丝绸文化时,都会想起达利曾经的努力与贡献。

这就是达利的愿景,做到了这一点,达利人是自豪的、幸福的,是无愧于人生的。

（本文系2010全国茧丝绸工作会议主题演讲,原题为《现代丝绸企业创新与发展》）

放眼国际：新丝路的人文精髓

（2011年）

一、丝绸在人类文明发展中的重要贡献

茧丝的起源可以追溯到新石器时代。几乎可以说，茧丝伴随着人类的诞生、繁衍，从未分离。古人尊蚕为"天虫"，把它看作是神赐给人的礼物，除了利用茧丝织绸遮体御寒，使之成为华美雍贵的象征外，茧丝绸产业也是无数劳动人民赖以生存的"活路"。古人还把破茧成蝶视作升天的通道，以至于用丝织品包裹遗体下葬成为一种风俗。

在人类文明从农耕社会向工业社会发展的过程中，茧丝绸就是一座最好的桥梁。茧丝绸产业链天然地横跨农业、工业、商业，种桑养蚕的是农民，缫丝织绸的成了工人，进行丝制品交易的演变成商人。清朝政府设立的江宁、苏州、杭州织造府，谁敢说不是国家资本主义的萌芽呢？

而当各原丝绸产出国进入近代工业社会后，丝绸产业无一例外地成为国家经济的支柱产业。日本、韩国、印度、乌兹别克斯坦、保加利亚、法国、意大利等国的丝绸都曾在本国经济发展中留下过辉煌的印

记。在中国文明史中,丝绸产业的贡献更是被人津津乐道。丝绸业在唐宋已达鼎盛,丝制品成为我国国际贸易中的最大宗商品。到20世纪五六十年代,丝绸也成为中华人民共和国最主要的出口商品,为经济发展获取了宝贵的外汇资源。2010年,我国的丝绸工业主营收入1929亿元,丝制品在国际贸易中的比例达到80%以上。丝绸是中国自古至今能始终在国际贸易中处于主导地位的产品之一,丝绸成为中国的一个符号、一个标识,越来越多的国人想通过对丝绸经济与丝绸文化的研究来探寻富民强国之路。

2008年,杭州市丝绸行业协会承办了"中国从丝绸大国向丝绸强国转变高峰论坛",请关心、支持中国丝绸发展的各级领导,中国纺织工业协会、中国丝绸协会的领导与专家学者及企业界同行参与,并产生了很多真知灼见。而国外媒体、研究机构也想通过对当代中国丝绸行业的剖析了解,去探寻中国经济发展的奥秘。《时代周刊》在2006年7月,罕见地以"A Soft Spot for Silk"为题大篇幅报道了达利丝绸正在探索重铸国家昔日辉煌之路,台北海峡文化出版社把标题翻译成"中国心,丝绸情",副标题翻译成"中国丝绸产量最多——品质却不再称霸,请看一名中国人想寻回丝绸大国昔日荣景的心路历程",文章结尾用"那时候已经不再需要拿破仑了"来隐喻中国经济必将超越欧洲各国。对于这篇报道文字,我们还可以有更深的解读,就是从马可·波罗开始,国际上已经把丝绸的兴衰与中国的强弱联系在一起了。今天的中国正日益强大,那么在中国的丝绸业中能否找到端倪呢? 如果这真是记者写这篇报道时的潜台词,那就更可见我们今天讨论丝绸行业的深远意义了。

二、丝绸之路的人文精髓

谈丝绸，必然要谈到丝绸之路，丝绸之路是丝绸贡献给人类的一笔极其宝贵的财富。丝绸之路不仅是横跨亚欧大陆的经贸之路，也是东西方的文化交流之路，丝绸之路将古老的中国文化、古印度文化、古希腊文化与波斯文化联结起来。丝绸之路还是条令世界各国和平相处、共同繁荣发展的道路。2007年，杭州市丝绸行业协会有幸与中国丝绸博物馆一起，驱车万里，历时一月，从杭州出发至乌鲁木齐，重走了古丝绸之路中国段，为"丝绸之路"跨国申遗进行采风活动。归来后，协会秘书长任东毛撰写了《丝路采风散记》32篇，分别从地理、历史、文化等不同角度串起散落在丝绸之路上的各种丝绸文化碎片，图文并茂，熠熠生辉，散记最后四句诗很有意思：

蜿蜒的丝路是一条线，它串起了沿途的明珠。

沧桑的丝路是一首歌，它吟唱着昔日的辉煌。

古老的丝路是一幅画，它饱含着神奇的山川。

未来的丝路是一个梦，它寄托着丝绸人的遐想……

现在研究丝绸之路的人很多，丝绸之路的未来究竟如何？它是一个不能复活的梦吗？复旦大学图书馆馆长葛剑雄教授做的"丝绸之路——历史与未来"报告给了我们很好的启迪。10月19日，阿联酋《国民报》发表了题为《中国的命运将验证"新丝绸之路"的虚实》的文章，文章认为当前美国经济止步不前，欧元区陷入半永久性危机，如今各国都对"新丝绸之路"寄予厚望。

而我认为，丝绸之路的作用不止于此。为什么呢？因为很多人只从商业的角度、经济的角度去看待丝绸之路，而未从文化的角度、人文的角度去理解丝绸之路,不掌握丝绸之路的人文精髓,就不可能重现丝绸之路的辉煌。

什么是丝绸之路的人文精髓呢? 我以为有12个字:大气开放,公平交易,和谐相处(和杭州正大力提倡的"精致和谐,大气开放"的人文精神很相似)。丝绸之路之所以能开通,与这12个字是分不开的。

我们可以看一下丝绸之路的演变史。汉朝统一中国后,国内安定,经济繁荣,汉武帝便采取积极的对外政策,一是和亲,二是通商。东汉班超在平定西域之后,丝绸之路上的贸易进一步繁荣。唐朝在国力强盛以后击溃了突厥,使得东西方贸易比汉代更加繁荣。而在安史之乱、唐朝灭亡到元朝建立之间的三个半世纪中,中国通往西方的这条丝绸之路几乎被废弃。在元朝,持有皇帝颁发的"通行证"的商人可以直接来往于中国与欧洲之间进行贸易活动,丝绸之路才再度得以畅通。而到明朝,中亚一带建立了帖木儿帝国,丝路贸易又趋于衰落。15世纪以后,丝路已成为一片空白之地。

唐朝是当时世界上最强盛的国家,而唐朝并不恃强凌弱,实行的是与世界各国通商交易的开放政策,将大量的中国丝绸运到西方交易,也将火药、指南针、造纸术、印刷术等发明先后通过丝绸之路传到中亚、罗马等地;西方及中亚的物产、宗教、天文、历法、数学、医学、音乐、美术等也由此传入中国。世界各国和谐相处,共繁共荣,这就是丝绸之路的人文精髓。而丝绸之路的湮灭,正是由于对这一人文精髓的遗弃。中国西北边陲的连绵战事,使一条原本生机盎然的陆上丝绸之路逐渐变成今天人们心中渺无边际的沙漠戈壁和艰难跋涉的骆驼商队。西方列强的炮艇更是用侵略掠夺代替了公平交易,和谐被粉碎了,丝绸之路就不存在了。今天,虽然中国已加入WTO,也已发展成世界第二大经济体,但全球并未形成"大气开放,公平交易,和谐相处"的大环境。美国政客为了转移国内民众视线和大选需要,在参议院通过了"涉汇法案",企图逼迫人民币大幅升值,这其实就是赤裸的贸易保护主义和无声的掠夺;欧盟至今也不肯承认中国的市场经济地位,却一心觊觎着中国3.2万亿美元的外汇储备,期盼中国对欧债危机施以援手。我以为:在霸权主义和强盗逻辑盛行的时候,我们唯有一心发展,才有可能重振丝绸之路,从而推动人类命运共同体建设。

三、世界丝绸产业应携手发展

丝绸为人类文明及各国经济发展做出过重要贡献,但目前世界丝绸产业的发展可以用步履蹒跚来形容。

根据浙江大学经济学院副院长顾国达教授在"2011中国国际丝绸论坛"演讲时提供的资料:世界茧丝绸业的产地结构随着各生产国社会经济的发展和产业结构调整所引起的茧丝绸业兴衰而有明显的时代特征。按茧丝生产量排序,20世纪50年代世界茧丝主要产国依次是日本、中国、印度、意大利、韩国、保加利亚、土耳其、伊朗和巴西。20世纪70年代依次是中国、日本、印度、韩国、巴西、泰国、伊朗、保加利亚和土耳其。20世纪90年代,日本、韩国、土耳其和保加利亚等国的蚕丝业急剧萎缩,而泰国和越南等新兴蚕丝生产国有明显发展。进入21世纪后,世界茧丝生产进一步向中国和印度集中,2009年世界生丝生产量为12.57万吨,其中中国占82.7%,印度占13.0%,乌兹别克斯坦占1.0%,巴西占0.7%。

世界生丝生产量的变迁

（单位：吨）

年份	世界合计	中国	日本	印度	巴西	其他
1951	20933	2932	12916	625	96	2564
1960	29263	5554	18048	1185	102	2016
1970	40783	9706	20515	2319	318	4905
1980	54492	23485	16154	4593	1170	5732
1990	71654	42973	5721	11486	1694	5688
2000	72011	51278	557	14432	1389	2233
2005	110291	87761	150	15445	1285	3600
2009	125685	104000	72	16322	811	3110

资料来源：1951—1999年的数据来自顾国达《世界蚕丝业经济与丝绸贸易》，中国农业科技出版社2001年版，第271—272页；2000—2005年的数据顾国达根据有关国家统计和FAO等摘录。1990年以后独联体生丝产量按乌兹别克斯坦生丝产量为独联体生丝产量的70%估算。

从这些数据中可以看到什么呢？(1)历经60年，世界生丝产量增长了6倍，平均10年增长1倍，发展速度远低于其他产业；(2)生丝产量向中国、印度过度集中，两个国家占了世界生丝产量的95.7%，而日本、韩国等茧丝绸生产国已走到行业绝境；(3)中国作为占世界生丝产量82.7%的第一大国，形势也极不乐观，丝价大起大落对行业发展造成极大冲击。2010年，生丝价格从18万元/吨飙升到40万元/吨，2011年又从42万元/吨跌至30万元/吨。多数缫丝、丝织企业出现亏损，中国丝绸业几年一次的价格"过山车"都会给中小企业造成灭顶之灾，而一次次的砍桑弃养和茧丝绸产业的后继乏人都给我们敲响了警钟。

在2011年的中国国际丝绸论坛上,意大利、印度代表也都对中国丝价的失控和质量下降提出了批评。但可喜的是,在这一届国际丝绸论坛上,也显露出世界丝绸产业进行国际合作的曙光。在国际丝绸论坛会场,细细聆听嘉宾发言,一遍遍翻阅演讲文稿,我蓦然揣摩到本次丝绸论坛自然形成的一条主线,即各国代表的共同心声,那就是"世界丝绸产业应加强合作"。中国丝绸协会会长弋辉在致辞中强调:"无论是科技创新还是产业发展都离不开多边的国际合作体系。"欧洲丝绸论坛秘书长泰塔曼替指出:"联系和相互理解是起点,适当的体制框架是联系和相互理解的前提。我们相信,目前有空间建立这样一个基于中国、辐射全球丝绸国度的国际性平台。"乌兹别克斯坦代表称:"伟大的丝绸之路,极大地促进了蚕桑业与丝绸业在中亚各国的发展。"韩国蚕丝协会会长朴东哲说:"相信本论坛上应该会展开一次关于蚕桑行业国际合作的深入的、真诚的讨论。"日本丝绸科技学会会长三浦干彦则表示,要在"伙伴关系与广泛合作的指导下打造一个全新的丝绸产业"。而印度政府纺织部、印度丝绸出口促进会主席马如替更是多次呼吁支持在中国设立世界丝绸论坛。有鉴于此,我在论坛闭幕前做了题为"世界丝绸业应携手为人类多做贡献"的补充发言。主旨有以下几点。第一,丝绸在中国乃至世界文明史上都发挥了不可估量的贡献,世界丝绸产业应该携起手来才能持续贡献于人类。第二,中国作为丝绸发源地、丝绸最大贸易国理应发挥中枢纽带作用,成立国际丝绸协会是世界丝绸业持续、健康、协调发展的必然之选。中国丝绸协会主办的中国国际丝绸论坛已经有四届,是时候应该把国际丝绸协会以组织形式固定下来了。世界丝绸产业发展的现状也需要这样一个能正常运作、能提供服务与指引的共同组织。第三,国际丝绸协会应承担的职责有:整理世界各国丝绸产业的资讯;制定丝绸产品检验标准;每年发布丝绸面料流行趋势和新产品信息;为世界丝绸贸易提供政策咨询、价格咨询和商业模式创新;为各国丝绸产业链建设、投资合作、品牌转让提供咨询建议、搭建平台;向各国行政当局提供发展该国丝绸产业的政策建议。当然,国际丝绸协会的职责还可以加上另一项,即加强对丝绸文化的研究交流和丝绸之路人文精髓的挖掘推广。

四、丝绸之路,薪火相传

最后,借助在丝绸之路商道上的重要驿站——民丰尼雅遗址中发掘出的汉代织锦上一句蕴含着玄机的话"五星出东方利中国"做一总结。

中国,是丝绸的发源地。丝绸之路,起始于中国。丝绸既促进了文明的发展,也见证过中国的辉煌。如果说,先民们在千年之前织上丝绸的"五星出东方利中国"八个字是预言,未免过于神奇,那就视作是祖先对子孙、对家园的祈福。今天我们可以备感振奋,并深深膜拜丝绸文化的深邃与中华文明的伟大。在经历了上百年的屈辱蹂躏之后,当下中国的和平崛起并不被昔日的列强所信,丝绸之路的人文精髓也并非列强们能够理解。因此,我们能做的就是使中国一天比一天强大,我们也应抓住机遇,加强世界丝绸业界的国际合作,把丝绸之路的人文精髓世世代代如薪火般传承下去。相信总有一天,新丝绸之路会重现人间。中国的丝绸也会随着中国的和平崛起而重铸辉煌。

(本文系2011年"丝绸·经济·文化"高峰论坛主题演讲稿,原题为《丝绸之路薪火相传》)

承前启后：2013,杭州丝绸进行时

（2013年10月）

2013年,杭州丝绸业第一次发布蓝皮书,既因为需要给杭州丝绸一个准确的行业定位,也需要给杭州丝绸一个持续发展的清晰方向。

丝绸历来是杭州的金名片,"丝绸之府"的赞誉自古有之,马可·波罗第一个把杭州与丝绸的华贵推荐给世人。数千年的时代变迁,沧海桑田,杭州丝绸产业其实与其他地区的丝绸产业一样,曾经历过战事的蹂躏、灾害的摧残、体制的桎梏、金融危机的冲击、后工业化时期的考验,虽然命途多舛、步履蹒跚,但杭州丝绸业一次次顽强崛起,至今依然璀璨亮丽。今天,"世界丝绸看中国,中国丝绸看杭州",这句话真实体现了杭州丝绸在世界丝绸产业中的重要性。书中有据为证:近十年中国真丝绸商品进出口贸易已占世界丝绸贸易的80%,而浙江占比约40%,杭州占比25%以上;历年来,杭州的丝绸企业都名列真丝绸商品出口、真丝坯绸出口、真丝绸服装出口全国第一名;杭州丝绸企业有上千家,中国丝绸企业竞争力十强杭州最多,中国丝绸商品品牌杭州最多。杭州真丝绸商品的国内贸易占比在30%以上。由商务部、杭州市人民政府主办的中国国际丝绸博览会已到第十四届,由中国丝绸协

杭州丝绸篇

会、杭州市人民政府主办的中国国际丝绸论坛已是第五届。目前,杭州丝绸正处在历史发展的转型时期,杭州丝绸在世界丝绸产业中的地位、作用和影响力也处于历史高位。

杭州丝绸历久弥新的奥秘何在? 概括起来有三点。一是历史悠久、人杰地灵。上溯五千年,良渚遗址便向我们证明杭州是丝绸产地,先民选择杭州,自然是因为杭州适宜丝绸的生产。而且丝绸又不仅是产品,还是文化。杭州的文化底蕴深厚,人文荟萃,也成了丝绸文化发展的不尽源泉,自古至今,绵延不绝。二是产业链完整、产学研配套。经过多年的产业沉淀,特别是近60年的悉心打造,杭州已形成了最完整的丝绸产业链。从淳安的优质桑蚕基地、余杭的"中国丝绸织造基地",到桐庐的"丝针织区域经济"、萧山和下沙的印染基地,以及杭州强大的设计队伍与服装制作、营销能力,形成了既独立又合作的地区产业链。与地区产业链相配合的还有在杭州的中国丝绸博物馆、中国丝绸标准化委员会、《丝绸》杂志、中国美术学院、浙江理工大学、浙江丝绸科技有限公司(原浙江丝绸科学研究院)、浙江省检验检疫局丝类测试中心等一大批学研机构。产学研互动互助,相得益彰,极大地推动了杭州丝绸的发展。三是既有完全竞争的市场机制,也有强力及时的政策导向。这是一条不能不总结的发展经验,在改革开放大潮中,政府的角色定位对丝绸产业的发展至关重要。20世纪90年代,杭州丝绸众多国有(集体)企业不适应市场经济,经营极其困难。市政府清楚认识到丝绸产业属完全竞争领域,因此果断决策,将所有国有(集体)丝绸企业或改制或破产,并撤销了市丝绸控股(集团)公司,同时引进外企、发展民企,杭州丝绸从此摆脱束缚,活力骤增,开始进入市场经济大海中遨游。当然,在改制中也有特例,淳安茧丝绸总公司至今仍保留了国有体制,这有效地保证了蚕茧收烘质量,从源头保护着杭州丝绸的质量优势。政策的导向还体现在把"弘扬丝绸之府,打造女装之都"作为都市产业发展战略;为杭州丝绸产业制订发展规划;帮助丝绸企业纾解困难,给予政策扶持。所以,在一次次丝价大幅波动和金融危机的冲击下,杭州丝绸企业保持了整体健康的发展态势。

2012年,杭州丝绸文化与品牌研究中心、杭州市丝绸行业协会通过专家学者和企业家的共同研讨,以及丝绸行业协会会员单位的意见,把杭州丝绸行业价值观确定为"文化传承、科技创新、时尚引领、优质名品"。这一价值观不仅是对杭州丝绸行业几十年坚持发展的总结,也是杭州丝绸行业未来持续健康发展的原则和纲领。在本书中,我们可以看到在文化传承方面,杭州有中国丝绸博物馆,也有都锦生、达利、万事利、福兴等企业相继兴办的丝绸博物馆与专题展示馆;杭州丝绸还有世界级和国家级的非物质文化遗产和传承人;杭州又先后成立了杭州丝绸文化与品牌研究中心、浙江省丝绸文化研究会、杭州丝绸文化研究会,已产生并积累了一大批研究成果。杭州还被中国丝绸协会授予"中国丝绸日"举办地、中国丝绸文化博览中心等称号;在科技创新方面,杭州上规模的丝绸企业大多已申请成为高新技术企业,获得的成果真实反映了杭州丝绸企业和相关学院研究机构在科技创新上的专注、投入和结晶。在时尚引领方面,杭州在连续六年发布中国丝绸流行趋势研究的基础上,今年又以杭州丝绸文化与品牌研究中心领衔,整合了中国美术学院、浙江理工大学、杭州职业技术学院达利女装学院、凯喜雅集团、达利集团、金富春集团等重要的学术研究机构和丝绸企业,共同参与丝绸流行趋势的研究与发布。在中国丝绸协会的支持下,相信这一研究体系通过持续数年的研究,一定能发布最专业、最权威的中国丝绸流行趋势,引领丝绸的潮流与时尚。在优质名品方面,杭州丝绸企业一贯重视产品质量,国外一些奢侈品牌纷纷到杭州寻找丝绸企业进行贴牌加工就是最好的佐证。当然,杭州丝绸企业近些年也在大力实施品牌战略,已经拥有金富春、万事利、凯喜雅这样的中国丝绸名牌和喜得宝、雅慕、都锦生、金鹭、美标等一大批中国驰名商标及省、市名牌,省市著名商标和著名老字号。"杭州丝绸"也已被批准为中国地理标志保护产品。我们可以期待,"优质名品"将成为杭州丝绸持续发展的不竭动力。

当然,杭州丝绸在发展中也有一些必须要解决的问题,主要有三个方面。

第一是实体产业的坚守与转移。历史经验告诉我们,当一地进入后工业化时期,现代化、智能化的突飞猛进必然会压缩劳动密集型传统产业的生存空间。杭州丝绸企业已经面临招工难与人工成本高的巨大压力,所以必须未雨绸缪,思考实体产业如何坚守与转移。首先应坚守,杭州毕竟有适宜丝绸产业发展的土壤和环境,是世界丝绸商贸的集散地;其次应适时将生产制造部分转移到成本更低的地区,而把设计和营销环节保留在杭州,用转型的方式实现实体产业的坚守。

第二是生产方式革命与营销模式创新。不出十年,我们也许就不再有蚕农和缫丝工,唯一的解决之道是进行生产方式的革命。把传承了数千年的种桑养蚕方式改变成车间饲养方式,令人工自动缫丝进化到全智能缫丝。用彻底改变传统的技术革命真正解放生产力。杭州的丝绸企业开始主要做外贸,近十年涉足国内市场,但十年网销已改变世界。杭州丝绸的营销模式显然还没跟上这种改变,能够在网上实现大量销售的丝绸企业还很鲜见,甚至有不少企业至今还未"触网",

而只有营销模式的创新才能确保杭州丝绸勇立潮头。

第三是丝绸商品的高端化与平民化。关于这两种观点的争辩常见于报端，其实这个讨论是一个伪命题，就好像服装产业在讨论应该只做范思哲还是优衣库的问题一样。一个产业，既有高端品牌，也有平价品牌，针对不同消费群体的品牌定位，是企业差异化营销策略的体现。殊不知"丝绸高贵论"唱得多了，也会间接抬升茧价丝价，以至于影响"由供求关系决定价格"这一市场规律。所以，杭州的丝绸企业只要找准自己企业的品牌定位就行，不要再做高端化还是平民化的无谓争辩了。

杭州丝绸业还应该清楚认识自己肩负的历史使命，即通过联合重组与国际合作，始终站在世界丝绸产业持续发展的前沿。丝绸产业，在法国里昂、日本京都、韩国晋州都曾盛极一时，但随着后工业化时期的到来，它们的丝绸产业都逐渐衰退了，这似乎已成为世界丝绸产业的必经之路。今天，意大利科莫还在顽强抵制这一规律的降临，而杭州也会成为世界丝绸同行关注的焦点——杭州丝绸会成为下一个京都或下一个里昂吗？我们的回答当然是"不会"。我们完全有信心打破这一规律，我们的策略是联合重组和国际合作，如我们已经成立了中国杭州·意大利科莫丝绸促进联盟，并已开展富有成效的合作。杭州丝绸非常愿意与各国、各地的丝绸产业携手合作，为世界丝绸产业的持续发展做出贡献！

2013，杭州丝绸进行时。

（本文系《2013杭州丝绸蓝皮书》序言，发表于《杭州日报》，原题为《2013，杭州丝绸进行时》）

建言献策：丝绸之府杭州的战略机遇和发展对策

（2014年12月）

作为杭州丝绸业的从业者，我针对"丝绸之府杭州的战略机遇和发展对策"谈一点看法。

一、"一带一路"将成为杭州丝绸更大的机遇

从去年中国国家主席习近平提出建设"丝绸之路经济带"和"二十一世纪海上丝绸之路"的倡议以来，"一带一路"已成为中国联通国际、重构世界格局的新方式，古老的丝绸之路又焕发出促进国际贸易和文化交流的第二个春天。可以说，"一带一路"建设对任何城市、任何丝绸企业而言都是一个战略机遇，关键是你是否已具备了抓住机遇的充分条件，能否抓住机遇乘势而上。由于杭州历史上就是丝绸产品的原产地，现在又具有设计超前与制造精良的先发优势，大量国际品牌都要到杭州丝绸企业选样下单，杭州丝绸企业的自有品牌建设也已风生水起，杭州已成为国际国内丝绸贸易集散地。现在，"一带一路"又将

成为杭州这一丝绸之府进一步发展更大的战略机遇。我们可以从对比中看到杭州丝绸的先发优势和比较优势。

(一)中国丝绸业春寒料峭,销售形势不容乐观

在国际国内的大环境利好丝绸业的态势下,中国丝绸业却春寒料峭,乍暖还寒,2014年丝绸的出口贸易与国内销售数字都一路下滑。

1—10月,我国真丝绸商品累计出口25.54亿美元,同比下降13.26%。其中,蚕丝类出口5.2亿美元,同比下降6.26%;真丝绸缎出口7.61亿美元,同比下降4.95%;丝绸制成品出口12.83亿美元,同比下降19.8%,而丝绸服装出口1—9月数量同比大幅下降了74.51%。

国内销售部分仅以桑蚕丝丝价走势为例,3A、4A级桑蚕丝从年初39万元人民币/吨跌到10月底32万元/吨,降幅已达到18%。为平抑丝价,国家茧丝办于11月20日发布关于国家储备厂丝投放与收储的公告,决定投放971吨厂丝,收储1500吨厂丝。受此消息刺激,丝价出现反弹,但在无其他利好和丝绸行业需求低迷的双重打击下,丝价又持续回落。根据国家统计局统计,1—10月,各类丝绸产品中,唯有丝和蚕丝被销售略有增长,其他产品全线下跌,而且茧丝库存严重。浙江省统计范围内的30家缫丝企业,亏损面达73.33%,亏损额3256万元。

(二)杭州丝绸业显露春意,转型升级已见成效

在中国丝绸内外贸易都不容乐观的情况下,杭州丝绸却扛住了压力,依然显露出了春色。

根据我对杭州丝绸企业中三家中国丝绸行业竞争力十强企业的

统计,2014年1—10月实现销售66.49亿元,同比增长4.38%。

根据浙江省丝绸协会对统计范围内杭州缫丝、织造、印染、服装等丝绸企业的统计,2014年1—10月实现销售92.38亿元,同比增长2.64%。

根据浙江省丝绸协会对杭州丝绸企业的统计数据,再加上凯喜雅集团和中国丝绸城商户的销售数据,2014年1—10月销售额为158.84亿元,同比增长0.46%。

从以上数据可以看到杭州丝绸贸易的坚挺,但更多亮点还在于杭州丝绸业在稳健发展中转型升级。杭州丝绸行业已达成共识,把传统产业改变为文化创意产业和时尚产业,并已由市经信委牵头起草了时尚产业发展规划纲要,杭州丝绸工业园区已具有时尚特质;杭州连续十年发布中国丝绸流行趋势;杭州丝绸产品的设计感、时尚感和文化属性越来越强,万事利集团不仅拥有了行业内唯一的国家级技术中心,还通过收购法国百年丝绸名企和引入国际丝绸人才,实现了杭州丝绸与国际大牌的同台竞技;杭州丝绸已经插上互联网的翅膀,建立了中国丝绸网、杭州丝绸电商平台和中英文双语的世界丝绸网;杭州丝绸的年贸易额已占全国的25%,占全球的20%,杭州已成为"新丝路"上名副其实的丝绸产品第一大口岸,成为世界丝绸产业中最璀璨的明珠。这些都将成为杭州丝绸抓住战略机遇,持续健康发展的强劲动力。

二、聚焦杭州丝绸面对战略机遇的发展对策

（一）依托内联外合，扩大竞争优势

杭州丝绸有先发优势，在研发设计、制造技艺、营销管理、资本积累诸多方面已经遥遥领先。现在的策略之一应该是紧紧抓住机遇，通过内联外合，扩大竞争优势。

内联可以集聚国内其他地区的丝绸资源、土地资源、劳动力资源为杭州丝绸所用。杭州城市的快速发展，使丝绸产业链的前端大为削弱。而中西部地区借"新丝路"之机发展丝绸产业，又急迫地希望引入东部沿海地区的丝绸名企、名牌、名人，在招商引资中会给予很多政策支持。通过投资参股合作，到中西部地区设点布局，建设优质茧丝基地，利用较低的劳动力成本，在"新丝路"上建立桥头堡和战略要地，正有利于杭州丝绸固本强体和长远发展。而联合重组也确实是企业做强做大的快车道，在中国经济新常态和"新丝路"建设的大背景下，湖州丝绸之路集团正在加速推进这一联合策略，我相信，杭州的丝绸企业也可大有作为。

外合是为了推进杭州丝绸的品牌国际化建设。商务部在《茧丝绸行业"十二五"发展纲要》中指出，要进一步扩大丝绸品牌产品国际市场占有率，引导优势企业走出去，通过收购、入股等形式进行境外投资合作、品牌收购、营销网络建设。万事利集团打出收购法国百年丝企和招募国际奢侈品牌负责人的组合拳，杭州一些丝绸企业也已开始去国际大都市开设专卖店，这都是杭州丝绸扩大竞争优势的必然之选。目前，在意大利和法国，很多丝绸企业或丝绸品牌正艰难维持，期望中

国丝绸企业去合作及收购。杭州丝绸文化与品牌研究中心、杭州市丝绸行业协会可以通过中国杭州—意大利科莫丝绸促进联盟牵线搭桥，争取在一两年内达成与多个法国和意大利丝绸名企合资合作项目，也可与泰国、柬埔寨等东南亚国家的顶级丝绸品牌合资合作，发挥杭州丝绸成为国际品牌的集群效应，使杭州丝绸在世界丝绸产业中从量的优势转化成质的优势、品牌的优势，加快杭州丝绸在"一带一路"建设中收获硕果的步伐。

（二）开发创造需求，挖掘电商资源

近年来，丝绸需求持续低迷，成了产业发展的桎梏。杭州丝绸虽然还未出现负增长，但也表现出增长乏力，所以创造需求应该成为杭州丝绸的第二个发展策略。

中国丝绸的出口贸易为什么一路下滑？究其原因，是受前两年丝价冲高后遗症的影响。每次丝价暴涨，都会造成订单骤减、客户流失的严重后果。丝绸有许多优点，但不是必需品，而是可替代的服饰面料，丝绸价格直接影响生产订单和消费人群的多寡。我和丝绸之路集团董事长凌兰芳有一共识，茧丝坯绸价格上涨5%，需求就会减少约8%。如真丝绸制成品因提升了设计水平因素，今年1—9月单件出口均价上涨了99.09%，也造成出口数量下降了59.89%，这已是一个必须高度重视的严峻问题。当下国际大宗商品价格下滑已成定局，丝绸也不可能独善其身。要想使中国丝绸产业持续行进在健康发展的道路上，就必须创造需求，扩大市场占有，实现供求平衡，实现价值与价格的合理回归。从杭州丝绸产业整体而言，除了生产丝绸文化创意产品和创立高端品牌之外，更重要的应该是制定正确的价格策略。和任何

商品一样,广大消费者追求的是物有所值,是性价比高。达利集团多年保持丝绸服装出口全国第一,其中的奥秘就是不断开发绢丝、柞丝、交织、混纺等新原料,不断创新产品设计,从而降低原料成本,严格控制生产成本,让利给客户。产品开发创新是创造消费需求的不变法宝。

需求可以通过产品开发来创造,也可以通过营销创新来创造。桐乡市洲泉镇的钱皇蚕丝被,全网实现销售额3987万元,其中仅钱皇天猫店就实现销售额2508万元。嘉欣丝绸公司在"双十一"当天,旗下品牌的电商销售额为725万元,1—11月网上销售9000多万元。这些都切实告诉我们,杭州丝绸要想继续在丝绸销售中独占鳌头,就必须给自己插上互联网的翅膀。杭州是"丝绸之府",也是IT产业云集之地,电子商务平台及大数据技术发展,可以为杭州丝绸更好开拓全球市场提供信息化技术支撑。如何利用杭州强大的互联网产业,应该成为杭州织新的丝绸、走新的丝路的切入点。杭州丝绸虽已开始进行网络销售,但还要好好向嘉兴学习。新近上线的"杭州丝绸"移动电商平台应发挥更大作用,杭州丝绸企业应该积极拓展电商销售领域。我常常听到外地游客抱怨,不知道到哪儿买真正的杭州丝绸,如果我们能努力打造一个令天下网购者放心的、物有所值的杭州丝绸电商平台,就一定可以创造更多需求。

面对历史机遇可以有很多应对策略,我只讲了其中一二。在中国丝绸协会杨永元会长的年度工作报告中,也提到了"内联外合""创造需求"方面的发展策略,我认为,杭州是最有条件实现这些策略的。最后,我想用《中国经济报告》评论员徐冰发表在《杭州日报》上的一段文字作为结尾:"在历史上,杭州丝绸创造了难以企及的成就和地位,但是今天,许多同样历史上的丝绸重镇,同样有着辉煌记忆的丝绸品种,也正在焕发出新的勃勃生机。显然,他们正在追赶杭州,正在向杭州发起挑战。古老的杭州,年轻的杭州,能否坚定地迎接这样的挑战,能否在历史的荣耀中织出新的丝绸,走出一条新的丝绸之路?"

我想,我今天的发言已经给出了肯定的答案。

（原为在商务部国家茧丝绸协调办公室专家座谈会上的发言）

转型瓶颈：抓紧"一带一路"的历史性机遇

（2015年4月）

从2013年中国国家主席习近平提出建设"丝绸之路经济带"和"21世纪海上丝绸之路"以来，"一带一路"已成为中国联通国际、重构世界格局的新概念，古老的丝绸之路又焕发出促进国际贸易、文化交流与和平之旅的第二个春天。全国人大代表、中国丝绸博物馆馆长赵丰今年参加全国人大时提的议案是"丝绸之路不能让丝绸缺位"，很好地表达了中国丝绸人的心声，中国丝绸产业能否站在"一带一路"的"风口"，抓住机遇顺势而上呢？这是政府和业界的普遍关注点。

一、丝绸产业的地位和现状以及新机遇

在中国社会全面改革进入"三期叠加"新常态和经济承受下行压力阶段，中国的丝绸产业也正经历转型升级的阵痛，遭遇到比其他实体经济更多的困难。丝绸首先是传统产业，既属劳动密集型又属资金密集型；丝绸虽然也在努力转型升级为文化创意产业，在产品设计中更多地掺入文化元素、时尚元素，但劳动力成本的持续上涨和融资成本高企已使丝绸生产企业难以为继。很多外向型丝绸企业从制造产

品转型为创立品牌,从外销转为内销,这一过程也极为痛苦。一方面,投入巨资打造品牌的效果不会立竿见影;另一方面,国际市场份额大幅沦陷。2014年,中国丝绸制成品出口下降55.6%,丝绸服装出口下降71.4%。今年3月13日,据香港丝绸交易会国际丝绸研讨会披露,印度、土耳其的丝绸制成品出口首次超过中国。这无疑给立志将丝绸大国建设成丝绸强国的中国丝绸人平添了几分刺痛和警觉。

由于杭州历史上就是丝绸产品的原产地,现在又具有设计超前与制造精良的先发优势,大量国际品牌都要到杭州丝绸企业选样下单,杭州丝绸企业自有品牌建设也已风生水起,杭州丝绸的年贸易额曾占全国的25%,占全球的20%,杭州已成为国际国内丝绸贸易集散地,成为"新丝路"上名副其实的丝绸产品交易第一大口岸,成为世界丝绸产业中最璀璨的明珠。但据了解,杭州丝绸2014年销售增长也显乏力,各种不同口径的统计数据都反映了销售下滑的趋势,在中小丝绸企业中,困难更为严峻。面对中国丝绸业春寒料峭、乍暖还寒的市场走势,杭州丝绸如何把握"一带一路"的历史性机遇,突破转型瓶颈,持续健康发展,已引起丝绸业界同人的深层思考,当然也必然会引起政府层面的高度关注。浙江省政府、浙江省经信委都已专题研究振兴浙江丝绸的措施,杭州市政府、杭州市发展研究中心、杭州市经信委也在密集调研杭州丝绸产业国际化、时尚化的途径。"丝绸之路更不能让杭州丝绸缺位","一带一路"理应成为杭州丝绸更大的战略机遇。

二、做大做强杭州丝绸产业的四个着力点

如何才能实现做大做强的目标?提几点建议,供政府和业界参考。

（一）稳增长调结构，既谋势又做活

增长是衡量产业健康与否的核心指标。杭州丝绸在经历持续十几年的快速增长后，2014年出现负增长，这是一个危险的信号。"向欠发达地区迁徙"似乎已成为世界丝绸产业的一个规律，杭州丝绸必须打破这一规律。"稳增长调结构，既谋势又做活"，李克强总理的形象比喻，也给杭州丝绸产业指明了方向。

杭州丝绸的产业由几大龙头企业与众多中小企业构成，凯喜雅、万事利、达利、金富春这些龙头企业的表现为强者恒强，在文化创意、智慧工业、多元化发展等方面都有转型升级的上佳亮点，当下稳增长的重点应该是保持中小企业的增长。政府和行业协会要统揽产业发展全局，密切关注行业经济数据，帮助解决中小型丝绸企业融资难融资贵与货款拖欠问题，引导企业进行产品创新、技术创新、营销创新、管理创新，用降低成本和万众创新顶住下行压力，促进全产业销售增长才是产业健康发展的基石。

要打破"向欠发达地区迁徙"这一丝绸产业发展惯例，政府与行业协会要通过制定政策、调整结构，引导企业联合重组和跨界合作，做大局、谋大势，可以集聚国内其他地区的丝绸资源、土地资源、劳动力资源为杭州丝绸所用。杭州城市的快速发展，已使丝绸产业链的前端被大为削弱；而中西部地区为了借"一带一路"之机发展丝绸产业，又急迫地希望引入东部沿海地区的丝绸名企、名牌、名人，在招商引资中也会给予政策支持。通过投资参股合作，到中西部地区设点布局，建设优质茧丝基地，利用较低的劳动力成本，在"新丝路"上建立桥头堡和战略要地，正有利于杭州丝绸业固本强体和长远发展。而联合重组也确实是企业做强做大的快车道,在中国经济新常态和"一带一路"倡议的背景下,先做活,再联合,大才有出路,强才有奔头。

(二)推动国际合作,建成"四个中心"

杭州丝绸已经连续十几年研究发布中国丝绸流行趋势,这一研发一直由中国纺织信息中心、中国流行色协会、中国丝绸协会和国际研发团队、中国美术学院、浙江理工大学和在杭的龙头丝绸企业合作负责,是在国际丝绸界持续时间最长的流行趋势研发,在丝绸业界取得了越来越多的关注,产生了越来越大的影响,也为建成国际丝绸产业的研发中心奠定了基础。

杭州已成功举办了六届中国国际丝绸论坛,每届论坛都是一次世界丝绸产业的盛会,高朋满座,灼见纷呈,这也是世界丝绸产业界规模最大、主题最鲜明的同行交流,促进了了解和互信,也促进了世界丝绸产业的互动发展。杭州实际上已成为世界丝绸产业界的交流中心。

中国国际丝绸博览会也已在杭州连续举办十五届,这是中国商务部和杭州市人民政府共同主办的全球规模最大的丝绸专业展会。展会已有效营造了杭州作为世界丝绸贸易中心的氛围,形成了"世界丝绸看中国,中国丝绸看杭州"的共识。

多年持续的中国丝绸流行趋势研究发布、中国国际丝绸论坛、中国国际丝绸博览会是杭州丝绸业积累的宝贵财富,也是杭州丝绸业走向国际化、启动新一轮产业升级的坚实基础。新一轮的产业升级就是要推进杭州丝绸的品牌国际化建设。商务部在《茧丝绸行业"十二五"发展纲要》中指出,要进一步扩大丝绸品牌产品国际市场占有率,引导优势企业走出去,通过收购、入股等形式进行境外投资合作、品牌收购、营销网络建设。近年,万事利集团打出收购法国百年丝企和招募国际奢侈品牌负责人的组合拳,杭州一些丝绸企业也已开始去国际大都市开设专卖店。在意大利和法国,很多丝绸企业或丝绸品牌正艰难维持,期望中国丝绸企业去合作去收购。杭州市政府应该制定相关政策,顺势而为,积极引导优势企业走出去,争取在一两年内达成与多个法国、意大利丝绸名企的合资合作项目,也可与泰国、柬埔寨等东南亚国家的顶级丝绸品牌合资合作,发挥杭州丝绸成为国际品牌的集群效应,把杭州建成国际丝绸产业的品牌中心,使杭州丝绸在世界丝绸产业中从量的优势转化成质的优势、品牌的优势,令杭州丝绸在"一带一路"倡议中收获硕果。

(三)拓展空中丝路,打造网上名馆

杭州丝绸要想继续在丝绸销售中独占鳌头,就必须给自己插上互联网的翅膀。今年总理在政府工作报告和记者会上也多次提及"互联网+",从中可以看到,经济下行时传统产业在调整与转型,而互联网经济仍具有巨大增长空间。国务院日前已经同意设立中国(杭州)跨境电子商务综合试验区。杭州是"丝绸之府",而且杭州还是IT产业云集之地,电子商务平台及大数据技术发展,可以为杭州丝绸更好开拓全球市场提供信息化技术支撑。如何利用杭州强大的互联网力量,应该成为杭州织新的丝绸、走新的丝路的切入点。政府和行业协会应该紧紧抓住设立中国(杭州)跨境电子商务综合试验区这一绝佳时机,统筹建立"杭州丝绸名品馆"。杭州丝绸虽已开始网络销售,但仅有企业开设的网店还远远不够,外地人常常抱怨,不知道到哪儿买真正的杭州丝绸,如果我们能努力打造一个令天下网购者放心的、物有所值的

杭州丝绸电商平台,就一定可以创造更多需求。所以政府应该下决心、出重拳,利用现有的丝绸网络平台,搭建一个既面向全国,又面向全球的,由政府授权使用"杭州丝绸地理标志"的有质量、价格监督保证的"杭州丝绸名品馆",真正让杭州丝绸在"互联网+"的风口飞起来。

(四)强化行业管理,凝聚社会合力

　　杭州丝绸已拥有强大的产业基础和其他城市难以企及的行业地位,这是在政府精心谋划指导、制定政策扶持,行业协会努力建言献策、引导协调推动,学研机构积极参与、鼎力相助,新闻媒体营造氛围、传播推广,企业自身奋发图强、克难攻坚的合力下形成的,这一行业地位实在是来之不易,是天时地利人和的结晶。杭州丝绸现在虽然对城市生产总值增长贡献率已非举足轻重,但丝绸却依然是杭州的金名片,丝绸之于杭州的历史渊源、文化沉淀和人文情怀也许是其他任何产业任何产品都无法替代的。所以政府一定要用特殊的感情、别样的视角看待丝绸、关爱丝绸、扶持丝绸。在"一带一路"倡议下,对丝绸行业的管理应该加强而不能弱化,对丝绸的扶持资金应该增加而不要减少。行业协会也需要增加力量,在稳增长、调结构方面提出更多更具体的指导,引领企业内联外合、转型升级,协助政府帮助解决中小企业的一些实际困难。学研机构、新闻媒体也是杭州丝绸业健康发展的同盟军,在杭州丝绸业遭遇暂时困难、增长受阻时,更需要各种社会资源的浇灌。杭州丝绸业已形成的社会合力要继续凝聚,这也是杭州丝绸相比其他城市丝绸产业的竞争优势。如此,杭州丝绸就一定不会缺位于"一带一路",杭州丝绸也一定可以保持健康的快速发展势头。

　　(本文发表于《杭州日报》,原题为《抓住"一带一路"战略中杭州丝绸发展机遇》)

合作创新：G20杭州峰会的丝绸情愫

（2016年10月）

　　G20杭州峰会让杭州驶入城市国际化快车道。从G20纪念礼、B20纪念礼、记者纪念礼、元首配偶礼和国礼，到宴会厅的丝绸壁画、丝绸邀请函、丝绸菜单、丝绸旗袍和国宾馆的丝绸八角乱针绣屏，恰似一波波的丝绸涟漪，在人们的视觉、听觉中不断摇曳、冲击，必然留下了深深的印记。可以说，杭州丝绸在G20杭州峰会独领风骚，赚足了眼球，赢得了赞誉。

　　2014年和2015年的真丝绸商品出口金额，中国排在欧盟、印度之后，位列第三。中国丝绸的文化内涵、品牌影响力与意大利、法国相比有差距，而印度又有成本优势，中国丝绸产业该如何在国际市场寻求突破？值得深思。

　　杭州丝绸在中国丝绸乃至世界丝绸产业中的位置相对较好，中国杭州与意大利科莫是当今世界丝绸产业中最重要的两个城市。欧盟80%的丝绸产品产于科莫，科莫有欧洲最著名的丝绸博物馆、最大规模的新产品设计中心与生产制造基地及检测中心。而杭州经过十几年"弘扬丝绸之府"的合力打造，已成为中国丝绸的设计研发中心、创

杭州丝绸篇

新制造中心和商贸集散中心。杭州有世界最大规模的丝绸博物馆、有唯一的国家级丝绸技术中心和服装实验室,还有国家的丝绸标准委员会和最先进的丝类检测中心,杭州是中国丝绸业竞争力靠前企业和中国丝绸名牌最集中的城市,杭州丝绸产销量接近中国丝绸产销量的40%,去年国际丝绸联盟能够落户杭州应属众望所归。说杭州丝绸在全国独领风骚、在世界与科莫丝绸平分秋色实不为过,这次杭州丝绸在G20杭州峰会大放异彩也是一种必然。

一、与世界丝绸文化交流融合,博采众长

有人说,没有文化的产品是走不远的。也有人说,中国丝绸代表了中国文化。但如何才能把中国文化融入丝绸产品? 怎样的产品才称得上是有文化的产品? 丝绸文化产品在行业内的产销比重又能占几何? 这些问题要认真回答起来并不容易。恰好完成二期扩建的中国丝绸博物馆中的"天蚕灵机"展示厅里,有一段介绍使我"脑洞大开"。"中国蚕桑丝织技艺"已于2009年9月28日被联合国教科文组织列入《人类非物质文化遗产代表作名录》,设置"天蚕灵机"展示厅就是为了让观众更多地了解中国蚕桑丝织技艺涵盖的蚕桑习俗、制丝、丝织、印染、刺绣技艺等方方面面。原来,所有的中国丝绸产品的血液中都已经渗透着文化的基因,是有文化的产品,属于人类非物质文化遗产。丝绸这一传统产业原本就是最具文化底蕴的文化产业。

当然,中国丝绸产品具有了文化遗产的底蕴还不够,还要使丝绸面料上承载附着的图案、色彩、款型、品类也具有文化艺术内涵。近年来,凯喜雅集团与中国丝绸博物馆共同推出的丝绸品牌"经纶堂",应该就是一种很好的尝试,从中国古代丝绸图案的元素中挖掘创新,传

承发展,这就是让中国丝绸承载中国文化,传播中华文明。但我认为中国丝绸不仅应立足于传承中华文明,还应融汇世界文明,博古通今,学贯中西,加强与世界丝绸文化的交流融合,博采众长才能厚积薄发。意大利科莫作为国际真丝绸商品出口竞争力最强的丝绸重镇,就是我们交流融合的重点对象。今年7月,我率国际丝绸联盟团到科莫造访意大利丝绸办公室,这是近年来国际丝绸产业间越加频繁的交流活动的体现。科莫拉蒂丝绸公司的创始人在1985年创建了一个私人的丝绸博物馆,现存有来自法国、意大利、中国、荷兰、印度等各国家千年以上的珍贵丝绸面料、服饰文物3500余件。中国丝绸博物馆与科莫拉蒂丝博馆也进行过多次学术交流。国际丝绸联盟已计划在明年组织成员企业的设计师去科莫丝博馆进行为期半月的短期培训。这样的交流与培训,有利于设计师拓宽视野,打破文化艺术的国界。这次G20杭州峰会上的丝绸礼品、用品、装饰品都很好地体现了杭州韵味与世界文化的历史积淀,体现了杭州韵味的丝绸产品在这一特定地点特定时刻,一定是最应景、最好的。而体现世界文化历史积淀的丝绸产品一定更容易进入国际市场,这是我们要认清和努力的一个方向。

二、进行文化创新与科技创新,拓展丝绸产品的高度与宽度

G20杭州峰会西湖国宾馆内的巨幅丝绸壁画,是展现杭州丝绸文化创新与科技创新的一大亮点。据介绍,这是由杭州兆艺汇文化艺术中心设计制作,由传统国画家和麦家意识流数字画家合力完成的丝绸画卷,由电脑进行近20天的后期制作和打样确认,才最终进入丝绸壁画的制作。这样一种文化与科技高度结合的创新,确实拓展了丝绸产

品的宽度。由万事利担负完成的在西子宾馆摆放的八角乱针丝绣屏风,是非遗传承人的艺术创新。万事利旗下已有数十位非遗项目的传承人,当这些身怀绝技的非遗传承人与国家级技术中心结合在一起时,就一定会创造出丝绸产品的新高度。达利集团最近推出的"睿创空间",也是一种把文化创新、科技创新和大众创业相结合的新模式。

　　杭州丝绸产业的健康发展,不仅要实现产品的精美化和多样化,而且要通过文化创新与科技创新的完美结合,提升杭州丝绸企业在规模化生产中的全面进步。我参观过意大利一家有120年历史的丝绸织造厂SUCCESSORI GIUSEPPE CATTANEO S.P.A,其有96台宽幅剑杆织机,年产200万米绸缎,全公司只有67人,真正实现了自动化、网络化、信息化,科技创新使这家欧洲的百年老厂依然具有市场竞争力。意大利最大的丝绸印染企业拉蒂公司,员工共500余人,其中50%为研发设计营销人员,50%为操作工人,实现了生产和研发的全新融合。这次在拉蒂公司我又见到了久违的Daniele Pachera先生,Pachera先生现在是拉蒂公司的产业总监,掌管着拉蒂公司丝绸织造、印染的全部产品生产。而在2008年,Pachera先生曾率领7位意大利印染技术人员受聘于达利(中国)有限公司,用3年多时间帮助达利公司提升印染技术,使中国的丝绸印染后整理水平得以赶上意大利。所以再见到Pachera先生,我的第一句话就是:"感谢您把印染技术和管理模式留给了中国。"由于拉蒂公司代表了意大利丝绸印染的最高境界,我当时油然而生一念,因为Pachera先生在达利公司的传授与付出,今天中国杭州的丝绸印染后整理技术已经无限接近意大利水平。万事利集团前几年收购法国百年丝企,又聘请了国际名牌爱马仕的丝绸部门CEO。可见,虽然各国文化不同,但文化可以跨越国界,在文化创新与科技创新领域,就更需要有全球视野,有G20提倡的"创新、活力、联动、包容"精神。国际丝绸联盟已决定要在联盟内设立文化艺术、时尚设计、教育研发、科技创新、贸易制造五个专业委员会,通过专业委员会开展工作,加强联盟各成员之间的沟通交流与合作,把全球丝绸产业优质资源的作用最大化,推动全球丝绸产业的健康持续发展。

三、与丝绸文化相结合的平台发挥更大的作用

从2000年开始,杭州丝绸在政府支持下,已经持续进行了十几年的丝绸文化平台建设。中国国际丝绸博览会已在杭州连续举办十五届,这是中国商务部和杭州市人民政府共同主办的全球规模最大的丝绸专业展会,展会已有效营造了杭州作为世界丝绸贸易中心的氛围。杭州已成功举办了六届由中国丝绸协会和杭州市人民政府共同主办的中国国际丝绸论坛,每届论坛都是一次世界丝绸产业的盛会,这也是世界丝绸产业界规模最大、主题最鲜明的同行交流,杭州实际上已成为世界丝绸产业界的交流中心。杭州已经连续十几年研究发布中国丝绸流行趋势,这是在国际丝绸界持续时间最长的国家级流行趋势研发,在丝绸业界取得了越来越多的关注,产生了越来越大的影响。多年来举办的中国国际丝绸博览会、中国国际丝绸论坛和中国丝绸流行趋势研究发布,形成了"世界丝绸看中国,中国丝绸看杭州"的共识,是杭州丝绸积累的极其珍贵的文化财富。

不过这些与丝绸文化相关的平台建设,很难看到直接的、立竿见影的经济效益,所以近几年对是否应该继续这些平台建设也是争议不断。不可否认的是,这些平台在建设过程中还存在不少缺陷与不足,但同样不可否认的是,正因为这十几年的坚持,才有了杭州丝绸今天

的"江湖地位"。2015年初,杭州市经信委引入了浙江米奥兰特商务会展公司,用专业的人做专业的事。同年底,浙江省政府出台了《关于传承发展丝绸产业的指导意见》,明确支持中国国际丝绸博览会、中国国际丝绸论坛、中国丝绸流行趋势发布等平台建设。G20杭州峰会让杭州丝绸有了一次精彩亮相,这是政产学研合力十几年的丰硕成果,也有丝绸文化平台建设润物无声、潜移默化的作用。只要政府一如既往地支持杭州丝绸文化的平台建设,加强统筹、指导、规范、扶持等行业管理,杭州丝绸文化平台建设一定可以办得更好,走得更远,发挥更大的作用。

丝绸之于中国,承载着历史,镌刻着文化,象征着荣耀和辉煌。这是祖先留下的宝贝,将它进行传承和发展是当代丝绸人的责任和使命。今天,杭州丝绸虽然已经在中国丝绸产业中独领风骚,但仍然存在很多现实的困难,在以丝绸文化带动丝绸产业发展方面也还有巨大的成长空间,杭州丝绸人应该抓住"一带一路"机遇和G20杭州峰会共识,加强联动合作,走出一条团结引领世界丝绸产业健康持续发展之路,让丝绸继续造福人类。

(本文发表于《杭州日报》,原题为《杭州丝绸如何更上一层楼》)

铸造品牌：杭州丝绸的品牌之路

（2018年）

回顾十余年间杭州在丝绸行业品牌方面的努力，我感悟到，只有提升杭州丝绸行业的整体影响力，杭州丝绸才能真正成为有价值的行业品牌，成为杭州城市品牌中的佼佼者。

一、杭州丝绸的十年道路

2005年，杭州市委、市政府提出了"弘扬丝绸之府，打造女装之都"的发展战略，在此战略的启发下，我建议在达利厂区建设世界一流的丝绸女装产业基地。

2006年1月，香港达利集团与杭州市政府签订了建设世界一流丝绸女装产业基地项目协议书，时任副市长的沈坚提出了"世界丝绸看中国，中国丝绸看杭州，杭州丝绸看达利"的目标；同年4月，杭州丝绸行业协会成立。随后，更多的中国丝绸人开始把丝绸与国家文化结合起来，他们越来越认识到，中国的丝绸代表了中国的文化，代表了中国昔日的荣耀，把丝绸做好了，是对国家的巨大贡献。杭州丝绸人自此有了历史责任感，这也是我们做杭州丝绸品牌过程中的一种觉醒。

2008年12月,达利园区正式开园,中国丝绸高峰论坛在此举办,全国政协副主席、中国纺织工业联合会副会长、杭州市委书记、中国丝绸协会会长、香港理工大学校长和中国百余位丝绸企业家出席,杭州丝绸在国内的龙头地位得到确立。

2012年5月,我接任了杭州丝绸文化与品牌研究中心理事长。中心与中国美术学院、浙江理工大学、达利公司等联合发布中国丝绸流行趋势研究成果,往后连续几年都在发布中国丝绸流行趋势。

2015年10月,国际丝绸联盟在杭州成立,秘书处也设在杭州。目前,已经有17个国家和地区的110家单位或企业成为国际丝绸联盟的成员,值得一提的是,意大利、法国、越南都是以国家级丝绸协会的名义加入联盟,柬埔寨以商务部丝绸行业促进发展委员会的名义加入联盟。联盟成立初期,法国并未加入,第二年主动申请要加入联盟,由此可见,法国丝绸行业对中国丝绸行业的看法在改变,中国丝绸真正赢得了世界丝绸行业的认可。

今年,我走访了泰国丝绸协会,泰国丝绸协会会长表示,会专门针对加入国际丝绸联盟事宜召开理事会。至此,我认为,"世界丝绸看中国,中国丝绸看杭州,杭州丝绸百花开"的宏伟目标已经实现。

二、对品牌发展的感悟

首先,杭州丝绸行业品牌的树立需要全体杭州丝绸人坚持不懈的努力。中国共有7个绸都,杭州、苏州、嘉兴、湖州、无锡、盛泽和南充。在20世纪80年代,杭州丝绸与苏州丝绸几乎并驾齐驱。

1993年与1994年,杭州丝绸遭遇了巨大困难,后来经过改体制和调结构、提高产品质量等潜心努力,杭州丝绸终于在中国丝绸业遭遇巨大困难的阶段站稳了脚跟,不断增加竞争力,逐步扩大市场份额。调结构实际上就是调产品结构,原来杭州丝绸和苏州丝绸一样,基本上以生产厂丝、面料及半制成品出口为主。于是我们就领先一步调结构,提升终端产品出口比例,做成成品服装去出口,这是我们的一个秘密武器。

2008年,杭州为纪念改革开放三十周年,调研总结了十个典型在《杭州日报》报道,达利就是其中之一;2009年,杭州市委、市政府首次评选表彰二十名品质杭商,丝绸界占了两席。这都反映出杭州丝绸业界的努力得到了充分肯定,这与杭州丝绸人十余年间的不懈努力是分不开的。

其次,杭州丝绸行业品牌与杭州丝绸企业品牌、产品品牌需要良性互动,共同发展。杭州丝绸品牌可分成企业的产品品牌和企业品牌,然后是杭州丝绸的行业品牌,最后上升到城市品牌。在这三个层面中,企业首先是要建设好自己的产品品牌和企业品牌,这是所有品牌的基础,没有众多优秀的产品品牌和企业品牌,行业品牌和城市品牌就是无源之水、无根之木。

杭州丝绸业最可喜的是已经拥有一大批杭州名牌、浙江名牌和中国名牌。当各层面名牌产品不断涌现时,我们就可以感受到杭州丝绸企业的品牌意识,它们创建品牌的努力已经有了成果,同时,杭州丝绸的行业品牌越来越有底气、越来越扎实可为了,这是第一种良性互动。第二种良性互动是,企业要认识到杭州丝绸行业品牌的崛起,无形中给企业品牌和产品品牌带来的增长效应。杭州丝绸的行业品牌产生的集聚力、向心力形成的市场氛围吸引客户下单、商贾转口贸易,杭州确实逐渐成为世界丝绸的设计中心、制造中心和集散中心。第三个层

杭州丝绸篇

073

面的良性互动,即企业要珍惜和保护杭州丝绸的行业品牌,协会要持续保持杭州丝绸行业品牌的影响力,杭州丝绸行业品牌的崛起壮大来之不易,要吸取其他城市丝绸行业品牌没落的教训。

再次,杭州丝绸行业品牌要成为杭州城市品牌中的金名片,需要政府的主导力。杭州自古为"丝绸之府",马可·波罗在游记中感慨杭城遍地绫罗,为"华贵天城"。2016年G20杭州峰会,杭州丝绸的流光溢彩又一次吸引了世人的眼球。杭州丝绸品种繁多、设计新颖、制造精良、引领时尚,已成为中国丝绸的研发展示中心和商贸集散中心,"千里迢迢来杭州,半为西湖半为绸",丝绸已成为杭州的城市金名片。

这首先得益于"弘扬丝绸之府,打造女装之都"的发展战略,得益于这一发展战略中"政府主导力、企业主体力、市场配置力、协会推动力"四力合一的作用。杭州丝绸业依托市委、市政府连续多年对中国国际丝绸博览会、中国国际丝绸论坛和中国丝绸流行趋势三大商贸文化平台建设的扶持与投入,才有了其他城市无法逾越的"江湖地位"。因此,要保持这种"江湖地位",政府还应该对杭州丝绸行业这三大商贸文化平台继续扶持与资助。

最后,杭州丝绸品牌要真正成为国际品牌,还要发愤努力。今年8月,国际丝绸联盟秘书处走访了泰国丝绸协会,参观了Jim Thompson旗舰店。Jim Thompson品牌是泰国丝绸国际化的标杆,旗舰店位于曼谷最繁华的顶级购物娱乐中心暹罗百乐宫,丝绸产品由国际设计师团队倾力打造。Jim Thompson深受东南亚和欧美国家客户的青睐,是著名的国际丝绸品牌,也是泰国的国家名片。相比之下,杭州的丝绸品牌要认清自己的努力方向,坚定不移地走自己的品牌发展之路。

丝绸之于中国,承载着历史,镌刻着文化,象征着荣耀与辉煌。碰到好的时代,是我们的幸运,相信在众多杭州丝绸人的努力下,杭州丝绸能够在新时代与世界丝绸共同走出一条持续健康的发展之路。我们要持续打造杭州丝绸品牌,让丝绸继续造福于人间。

(本文发表于《杭州》杂志2018年第9期,原题为《杭州丝绸的品牌之路》)

世界丝绸篇

美美与共：浅谈丝绸之美

    人人都知丝绸美，要问丝绸美在何处，一般而言，丝绸之美首先是丝绸呈现的形态美。产品千姿百态、婀娜秀丽，令人赏心悦目。古往今来的文人墨客，从不吝啬对丝绸的赞美之词，如天工造物、霓裳艳影、流光溢彩、灿若云霞、精致典雅、瑰丽轻盈、曼妙窈窕、璀璨夺目、柔顺优雅、悠远温润等使人憧憬遐想的词语在各类文章中俯拾皆是。

    但丝绸之美只是外在的形态美吗？当然不是。丝绸之美还在于丝绸的内涵美和文化美。丝绸源于数千年前的中华大地，又通过丝绸之路销遍全球，与世界各国人民的生活息息相关，丝绸产业往往能够帮助人们克服贫困走向富庶，中国古籍《孟子·梁惠王上》中曰："五亩之宅，树之以桑，五十者可以衣帛矣。"所以种桑养蚕历来就是脱贫的捷径。在历史悠久、博大精深的中华文化中，锦绣前程、锦绣年华、锦绣河山、锦上添花、衣锦还乡……这些散发着丝绸光泽的成语和俗语中，浓缩着多少人心中的理想。

    丝绸之美其实更在于丝绸的精神之美。"春蚕到死丝方尽"，道尽了蚕的坚韧与奉献精神。顾水娥、史大妈、文拉尼、索伊、伯恩哈德夫妇、弗雷德里克、黛博拉、比安奇、达尼埃莱、梁宇佳、包文其、郭培、戴建、许鼎龙、王鹏钺、张国强、屠红燕、赵丰等人，对丝绸都有一种使命担当，他们有一个共同的称谓——丝绸人。许许多多的丝绸人在从事丝绸相关行业的过程中，会潜移默化地感受春蚕的无私、忘我、奉献精神的感染，逐渐养成勤勉、热情、执着追求、不离不弃的品德。无论丝绸产业遇到多少艰难困苦，丝绸人绝不放弃对美的追求，如同沙漠中的驼队，努力跨过沙丘的阻碍，勇敢向绿洲前行。

而我认为，丝绸之美的精髓是"美美与共"的情怀。中央民族大学的校训是"美美与共，知行合一"，其中"美美与共"出自名誉校长费孝通先生的16字箴言："各美其美、美人之美、美美与共、天下大同。"世界各国各民族之间要尊重、欣赏、赞美彼此的文化，要各自能够保持一种平和、谦逊的心态，就是中国古人所谓"君子之风"。从2000多年前起，中国的丝绸商品和丝绸生产技艺就源源不断地输送到世界各地；如今，更是有许多国际交流和文化碰撞在上演。意大利科莫拉蒂丝绸博物馆中珍藏的中国古代丝绸服饰；意大利丝绸专家到中国杭州传授丝绸印染后整理技术；英国服装设计师黛博拉精心设计旗袍到中国杭州参加国际旗袍大赛；中国服装设计师郭培的高定服装亮相法国巴黎时尚周后，获《时代周刊》2016年度100名全球最具影响力人物大奖；瑞士的伯恩哈德夫妇跑到印度尼西亚，用仅有的养老金去传承美丽的"宋卡"；中国丝绸博物馆馆长赵丰立志退休后要去英国续写英国作家未完成的遗作《中国科学技术史·织造卷》；时任意大利丝绸协会会长的比安奇提议在中国设立世界丝绸组织，成立后的国际丝绸联盟在中国杭州达成"世界丝绸杭州共识"。凡此种种，无不体现了丝绸"美美与共"的情怀之美。在丝绸产业里，没有国界之分，没有地缘政治的争斗，有的只是相互对丝绸之美的欣赏赞美，大家共同努力去创造创新丝绸之美，相互传播丝绸之美，实在是处处充溢着"美美与共，天下大同"的情怀与格局。

丝绸是一项美丽的事业，倘若我们把对丝绸之美的认识升华到精神之美和情怀之美，倘若世间各行各业都能理解和学习丝绸的精神之美和情怀之美，做到"各美其美、美人之美、美美与共"，那世界就一定会更和谐，更美好。

（本文系《锦程东方》宣传册的序，原题为《丝绸之美，美美与共》）

产业危机:小议丝价与产业发展的关系

(2014年9月)

今年丝价一直持续下行,缫丝行业依然大面积亏损,这一现象也引起了丝绸业界人士的高度关注。几年前,当丝价一路上涨时,不少人曾预期,丝价很快就会突破50万元/吨,但未承想当丝价冲到40万元/吨后,后续乏力,蹒跚下滑。近年丝绸产业链又出现了蚕茧售价高而厂丝售价低的价格倒挂现象,导致缫丝企业深陷泥潭,苦不堪言。

其实,中国丝绸产业的发展已经长期受丝价大幅波动的影响与阻碍,目前缫丝企业的困境正是上一轮丝价暴涨的恶果。气候与环境固然是造成丝价波动的因素,茧丝期货价格也起了推波助澜的作用;"东桑西移"本是非常正确的战略决策,但又被付诸"建设社会主义新农村"的特殊任务;丝绸产业链长,每个环节都要追求利润,加上急功近利,以次充好,也造成丝价高企而丝质下降。经过多次过山车似的丝价波动,我国的丝绸产业实际上已遭受严重内伤,脱离了健康发展的轨道。

要减少丝价对产业发展的负面影响,应该厘清行业内对丝价的一些概念。

一是认为丝价是由劳动成本、资源成本决定的,当前劳动工资、土地价格及其他资源价格都在涨,所以厂丝涨价也是必需的。这是一个很容易被接受的误区,因为虽然任何商品价值都是由社会平均成本构成的,但商品的价格却是由供求关系决定的。通胀确实会拉动丝价上升,如果是温和上行,产业或许可以逐步消化适应,但如果丝价是人为快速拉涨,就必然会遏制消费,需求减少会导致价格下行。在市场经济环境下,那只看不见的手必然在主导着生产、消费、需求、价格的潮起潮落和"再平衡"。而由于丝绸产业链特别长,这种"再平衡"的传导比较慢,往往当市场需求已大为减少时,源头的蚕农还并不知晓,仍在期盼茧价上涨。因此,当我们能真正理解了"供求关系决定商品价格"这一市场经济的铁律时,就会比较理性地对待丝价的涨跌,就会学着掌握和运用好经济规律。

二是认为丝绸是"纤维皇后",是奢侈品原料,所以丝价高不是问题。这一观念在丝绸业界也广为流传。确实,厂丝可以成为奢侈品原料,现在5A级、6A级厂丝价格明显高于3A级、4A级厂丝,优质优价在茧价、丝价、绸价中都已达成共识。但我们必须清楚,奢侈品使用的丝绸原料只占全部丝绸原料的极小部分,换言之,除了能提供奢侈品生产原料的少数缫丝企业外,绝大部分缫丝企业不得不面对亏损,今年1—6月,浙江省缫丝企业亏损面达70%,亏损的最直接原因就是茧价高而丝价卖不高。

三是对丝价高的危害认识不足。近两年,丝价虽然在阴跌回落,但仍受先前冲高的后遗症影响。以我的亲身感受而言,每次丝价暴涨,都会造成订单骤减、客户流失的严重后果。从今年1—6月中国真丝绸商品出口统计中可以看到,中国真丝绸商品出口金额下降

15.11%，其中丝绸制成品和丝绸服装出口大幅下降了 23.38% 和 28.12%，真丝绸服装出口数量却大幅下降了 74.31%。今年上半年，中国真丝绸服装在亚洲和东盟失去了 76% 左右的市场份额，在欧美也失去了 50% 左右的市场份额。而最直接的原因则是丝绸服装出口单价同比上升 173.90%。丝绸无论有多少优点，其毕竟不是必需品，而是可替代的服饰面料，丝绸价格直接影响生产订单数和消费人群的多寡。虽然市场这只看不见的手在一次次努力"再平衡"，但终有一天会无法在一个地区或一个国家实现平衡，供总是大于求，生产成本总是高于市场价格，于是，丝价高就促进了产业转移。这就是我为什么要用"丝价关乎产业存亡"这样一个耸人听闻的标题的原因。法国、日本、韩国都已由于无法实现生产成本与市场价格的"再平衡"，而不得不让非常钟爱的丝绸产业在本国消亡，意大利的丝绸产业也因此严重萎缩。那中国丝绸又将何去何从？

我以为，要想使中国丝绸产业持续行进在健康发展的道路上，就必须创造需求，扩大市场占有，实现供求平衡，实现价值与价格的合理回归。从产业整体而言，除了生产丝绸文化产品和创立高端品牌之外，更重要的是应该通过政府、协会、企业共同努力，保持丝价稳定，抑制丝价过快上涨。当然，丝价高的直接原因是茧价高，如何控制茧价，这属另一个讨论题目，我希望能抛砖引玉，引起丝绸产业界的有识之士对产业更深层面问题的思考与讨论。

（本文发表于世界丝绸网，原题为《丝价决定产业存亡》）

叶落知秋：出口排名下降带来的思考

（2016年10月）

2016年，《丝绸》杂志创刊六十周年。60年在5000多年的丝绸发展史里只是短短一瞬，但《丝绸》杂志作为世界丝绸史上一本办满了一个甲子的专业丝绸期刊，见证了中国丝绸产业波澜壮阔的发展，做出了积极的贡献，并书写了绚丽的篇章。在祝贺《丝绸》杂志创刊60周年之际，我想从丝绸产业的迁徙出发，谈谈中国丝绸行业所要面对的挑战。

2014年是中国丝绸业应该牢记的一个年份，一是"一带一路"的伟大倡议在古老丝绸之路上展开；二是中国的真丝绸商品出口排到了欧盟和印度之后。2015年初，当中国纺织品进出口商会在香港丝绸小交会上公布这一排名后，中国的业内同行并不愿意相信，"怎么会？"和"为什么？"两大问题萦绕业界人士心头。明明在"一带一路"利好丝绸产业的大背景下，在2013年中国产出了世界82.8%桑蚕丝的基础上，中国真丝绸商品出口怎么会连年下滑，终于在2014年丧失了全球第一的龙头地位呢？2008年，中国刚召开过"从丝绸大国迈向丝绸强国"的高峰论坛，现在"丝绸强国"尚未建成，难道连"丝绸大国"都要不保了吗？对于记者问的"为什么"，我曾以"在设计落后与成本高涨的夹击中败落"作为回答，但还有没有更深层的原因呢？

一、丝绸产业的迁徙路线图

在丝绸行业，一直有一种"丝绸产业向欠发达国家或地区迁徙"的说法，而且在世界近代史中，丝绸主产地确实也沿着"法国—意大利—日本—韩国—中国"这样一条路线在世界版图中迁徙。在20世纪30年代，日本的桑蚕丝产量和真丝绸商品出口都雄踞世界第一，但随着"二战"后日本工业经济的快速发展，丝绸产业在日本日渐式微，不仅让出了世界第一的宝座，而且至今桑蚕丝产量已几乎为零了。2005年，中国商务部国家茧丝绸办公室提出了"东桑西移"战略部署，这是一个颇具远见的重要决策，东桑西移其实也是丝绸产业的一种迁徙，是从较发达的中国东部向欠发达的西部地区迁徙。仅仅过了十年，中国近几年真丝绸商品出口的滑落难道是又一次国际迁徙的前兆吗？

如果我们把视线转向东南亚，东南亚各国的确都已开始重视丝绸发展，似乎已经在做承接丝绸产业向其迁徙的准备。2014年，印度的桑蚕丝产量为中国桑蚕丝产量的12.78%，但印度的真丝绸商品出口已超过中国。2015年，印度为保护本国蚕桑业发展，还对中国桑蚕丝进口实施了反倾销税。十年前，越南的服装加工能力已经很惊人，2015年，越南出口日本的桑蚕加捻丝超过了中国。2016年3月，越南还在会安丝绸村举办了"亚洲丝绸文化节"。泰国的泰丝公司是由王后主导的项目，原本只是一个文化传承项目，近年加强了与国际丝绸产业间的交流，大有在丝绸经贸方面发力的迹象。泰国孔敬府政府，也已连续三年举办国际丝绸论坛，并于2015年联合成立了亚洲丝绸联盟；

柬埔寨、缅甸、老挝等国政府也都开始策划部署,发展丝绸产业以带动经济增长,这是近代史上各丝绸主产国屡试不爽的经济发展道路,现在,东南亚各国都在跃跃欲试了。

"丝绸产业向欠发达地区迁徙"真的是一条难以逆转的"规律"吗?中国是丝绸的发源地,秦汉唐宋时期,中国丝绸艳冠全球。清朝末期,国力羸弱,法国才成为世界丝绸业的第一,可见那第一次国际迁徙并非是向欠发达地区转移。19世纪中叶,法国蚕桑业遭遇天灾,蚕微粒子病大暴发,法国丝绸从此一蹶不振,意大利丝绸抓住了机遇,异军突起。虽然"一战"后,日本大力发展丝绸产业超越了意大利,但时至今日,日本丝绸产业从巅峰到了谷底,而意大利丝绸仍占有欧盟丝绸业80%的份额,欧盟的真丝绸商品出口在2014年又成了世界第一。如此看来,"丝绸产业向欠发达地区迁徙"并非金科玉律,也绝不能作为中国真丝绸商品出口退居第三的借口。有国内丝绸行业的权威专家曾称:"目前中国的高生产成本已不适合丝绸产业的发展。"这句话怎么听都像是自暴自弃,准备要放弃丝绸产业的发展,走法国丝绸业、日本丝绸业的老路了。

笔者认为,"国运盛则丝绸强,国运衰则丝绸弱"或许是丝绸业界更应尊崇的规律。从丝绸产业在世界版图的迁徙路线中,我们不是也可以窥探到这一奥秘吗?如果我们都认同"国运盛则丝绸强,国运衰则丝绸弱"这一观念,那中国的丝绸人就必须要认识到,2014年中国真丝绸商品出口列世界第三是一个严重的事件,中国丝绸的主管部门、相关机构和企业应该要认真寻找丝绸产业出口滑落的真实原因,同样面对全球经济不景气、国际贸易环境不佳,欧盟丝绸业为什么能保持稳定?印度虽然劳动成本低于中国,但他们主要依靠从中国进口桑蚕丝,印度政府还要征收反倾销税,恰恰说明中国出口的桑蚕丝价格还低于印度。抑或是中国已经满足于真丝绸的国内市场,不屑于或不能够再进行国际竞争? 还是中国丝绸产业的发展方向、定位和对策出了偏差? 2015年中国在世界真丝绸商品出口国中依然名列第三,中国真丝绸商品出口1—11月同比下降11.08%,而只依靠12月某地区的"强劲反弹",竟促使2015年全年中国真丝绸商品出口同比只下降了0.35%。但这一反弹不可靠且不可持续,2016年1—3月,中国真丝绸商品出口同比又下降了15.72%,而在2015年12月实现了"强劲反弹"的地区在同期的跌幅则远超全国平均跌幅。国际丝绸产业界对各国的丝绸产业主要用两个数据进行对比,一是桑蚕丝产量,二是真丝绸商品出口额,而如果中国真丝绸商品出口额连续产生两位数的下滑,从此不能再重返世界第一,那我们这一代丝绸人岂不愧对嫘祖? 愧对"一带一路"?

二、中国成为丝绸强国的取胜之道

在东南亚国家开始大力发展丝绸时,中国真丝绸商品出口不断滑坡。世界丝绸产业面临新变局时,中国丝绸应该如何扭转局面,应对挑战? 这是中国丝绸人必须严肃面对的。首先我们应该树立中国能够成为丝绸强国的坚定信念,因为中国有深厚的丝绸文化底蕴,完整的丝绸产业链,健全成熟的生产能力和广阔的国内市场,这是世界上任何国家都无法比拟的,而且中国现在国运昌盛,加上"一带一路"倡议,都给中国丝绸的健康发展提供了庇护与保障。但要想真正建成丝绸强国,中国还有很多路要走。当下,为了丝绸产业的传承发展,各级政府都在相继出台政策措施进行指导扶持,各级丝绸协会也在组织企业转型升级,克难攻坚,很多优秀的丝绸企业正在成为丝绸业创新的典范。中国丝绸人都在竭尽全力,探索实践中国丝绸的强盛之路,但是为什么丝绸行业仍然举步维艰、困难重重,行业内普遍弥漫着对产业前景的焦虑? 笔者认为除了大家的努力之外,还有两个必须解决的问题,也是笔者在纠结中寻找的答案,希望能在行业内引起足够重视。

其一,中国要成为丝绸强国必须要有正确的行业方向和定位。

近年来,在传统产业转型升级的推动下,丝绸产业似乎有方向偏离之嫌。丝绸产业既是传统产业,长期以来又以外贸为主。在转型升级中,很多企业简单地弃外贸改内销,造成"邯郸学步"的窘迫,对产业的发展形成了现实冲击。行业内对"丝绸的消费群体究竟是谁? 丝绸的主打产品究竟是什么?"这样的产业方向与定位也变得众说纷纭、莫衷一是。意大利丝绸协会主席曾在2013年中国国际丝绸论坛演讲中明确表示:丝绸就应该成为奢侈品。本来作为一家之言,也无可厚非,该主席的家族企业年销售额达300余万欧元,产品也基本上是提供给梵蒂冈教廷的奢侈品。中国也有丝绸企业立志要把本企业产品打造成奢侈品,这是一个高远的目标,每个企业都应有自己的产品定位与品牌追求。但如果把"丝绸就应该成为奢侈品"这一观念推而广之,把这种定位变成行业的产品定位,就会在中国丝绸人的潜意识中产生负面影响。丝绸商品可以卖高价、卖天价的舆论无形中会推高蚕农对茧价的期许而轻视对质量的控制;织造厂会拉升对面料的定价而忽略产品研发与成本控制;更多的丝绸企业在转型升级中把只是改换了图案的丝巾、披肩等服饰改称为文化创意产品而抬升了售价;商家更是随意给商品标高价格;旅游品商店为了要支付给导游回佣而让标价翻番;结果导致越来越多喜爱丝绸的平民百姓对虚高的丝绸商品价格望而却步,市场份额出现大幅缩水。

桑蚕丝虽然贵为"纤维皇后",但真丝绸商品出口的最主要类别始终是服装服饰,消费群体始终是普罗大众。20世纪80年代的砂洗电力纺服装与90年代的绢丝针织服装都曾创造了中国真丝绸商品出口额的高峰,而且这两类风靡一时的真丝绸服装都是平价商品。平价商品并不等于低价竞争,一如今天的快时尚服装品牌ZARA和优衣库,都是用平价商品赢得了西班牙和日本首富的头衔。所以,我们千万不要被"历史上丝绸专供皇亲贵族享用"的传说迷了眼,今天,桑蚕丝只是一种天然有机的纺织材料,虽然服用性好,但市场检验的标准主要还是性价比,价格超过大众的购买能力,其他纺织材料就会取而代之,真丝绸商品的市场份额就会失去,这就是市场经济的基本规律,谁也无法改变。现在还有财经专家推崇一种观念:"只要商品好,不怕价格高。"如果产品的消费对象只是极少数精英,那没问题。但如果丝绸产业只把极少数精英定位成自己的消费群体,把丝绸的主打产品定位为奢侈品和文化创意产品,这实际上是压缩了中国丝绸产业的发展乃至生存的空间。说严重了就是一种自残行为,是主动放弃了最大的消费群体和市场需求。

笔者认为,应瞄准最大消费群体的需求,研发出平价的丝绸新面料、新款式和新产品,主攻平价服装,同时细心挖掘传统国际市场,不遗余力地开拓新的国际市场,结合时尚潮流,吸引国内外年轻一代爱上丝绸。这应该是中国丝绸产业当下正确的方向和定位,这样的方向和定位虽然平实,却能有效扩大国际、国内的市场需求,助力中国真丝绸商品出口重回巅峰。当然,提高设计水平、打造自主品牌、跻身世界一流,也都是中国丝绸应走之路,但是这也要依靠丝绸行业的企业家树立正确的理念,要克服浮躁跟风,克服投机性和功利性,要厚积薄发,要在不同阶段采取不同策略。最近笔者与意大利丝绸协会主席又有过沟通交流,虽然开始他仍坚持"丝绸就应该是奢侈品,只为高端人群提供产品"的观点,但在笔者举例说"全球一年的桑蚕丝产量约12万吨,用于奢侈品的桑蚕丝不足万吨,那其他11万吨桑蚕丝作何用处呢"之后,他也同意了"各国发展阶段不同,丝绸产业的产品定位也会不同"的观点。因此,要使中国真丝绸商品出口重回巅峰,我们还是要瞄准最大消费群体的需求,采用真丝与其他纺织材料交织的面料,主攻平价服装。

其二,中国要成为丝绸强国必须进行产业链的供给侧改革。

中国经济改革在"十三五"期间的主要任务是进行供给侧结构性改革,而丝绸行业供给侧改革的重点就是要去缫丝产能,去茧丝绸库存,降低全产业链的生产制造成本。中国丝绸人当前最关注的可能就是丝价的走势,很多人都在期待丝价上涨,希望丝价上涨能带动行业走出困境。但这只能是缥缈的幻想,是对丝绸行业面临的前所未有的严重危机缺乏认识。丝绸行业的发展趋势分析离不开对国际国内的经济形势的分析。当前世界经济持续低迷,英国"脱欧"会带来更多的不确定性,中国经济也面临前所未有的下行压力,中国经济的"新常态"是L型走势,但底部在何处尚不清楚。在这种环境下,世界大宗商品价格早已跳水或腰斩,中国的粮食与棉花保护价在坚守几年后也终于弃守,近日棉花期价暴跌,这是市场的正常反应。而桑蚕丝价格已成为奇葩,尽管成交寡淡,尽管下游无订单支撑,但价格近年来却始终在30万元/吨上下微调,今年居然还开始了一波上涨行情。是因为中国生产了世界80%以上的桑蚕丝就掌握了定价权吗? 非也。2001年

"9·11事件"和2008年次贷危机后都曾因为需求锐减引发桑蚕丝价格大幅下跌,之后才由低丝价带动需求回流,丝价跟着需求的增加而触底反弹。这就是"需求决定价格"的市场经济规律。但这一次丝价的表现极为异常,尽管缺乏需求,但丝价不为所动。虽然无法证明是否有人为因素在茧丝绸市场调控丝价,但是逆"需求决定价格"的痕迹倒是清晰可见的。笔者认为,市场经济规律最终一定会露出其冰冷残酷的面孔,最好的拯救措施就是抓紧进行供给侧改革。中国的缫丝企业中,有三分之一常年亏损,究其主要原因,就是产能过剩。缫丝产能过剩导致缫丝企业抢购蚕茧,造成茧价高企,茧价高催生了丝价高,丝价高造成了订单少,市场份额萎缩。中国丝绸产业正陷入这样一种恶性循环,去缫丝产能已成行业的当务之急。当年朱镕基总理去过剩棉纺产能时,一声号令,就砸了几千万锭纺纱设备。今天,去缫丝产能当然不能再靠行政手段,但仍然需要组织统一行动,国家茧丝绸主管部门应该研究如何组织落实丝绸产业的供给侧改革,如何做到统筹规划去缫丝产能。也许最直接有效的措施是要求各地银行停止向连年亏损的缫丝企业输血,那这些过剩的产能就能自然消停,恶性循环也能逐步消除。

现在已有越来越多的银行贷款积压在茧丝绸仓库及丝绸产业链的三角债中。可以说,丝绸行业已累积形成了一个很大的堰塞湖,上游的蚕茧不断涌入,下游出口并不畅通,时间越久则危机越大,去茧丝库存是为了尽快引走堰塞湖中的蓄水。当前去茧丝库存必须要发挥国家储备丝基金的作用,这可以最直接地帮助企业去库存。笔者认为,在收储定价时应该引导丝价下行,目的是既缓解企业的资金压力,又引入生产订单增加市场消费。浙江和广西茧丝绸市场,也应该在茧丝期货指数上配合价格下行策略,现在茧丝绸市场基本是有价无市,成交寡淡,恢复交易量一定是上策。当然,去库存的关键主体是缫丝企业,没有在去产能中淘汰出局的缫丝企业一定要抓住瘦身机会,降价出货,恢复企业的健康机能。去缫丝产能和引导丝价下行必然会造成茧价跌落,很多人一定认为,目前的茧价能保护蚕农的生产积极性,但事实上各地报道披露,现在中西部地区种桑养蚕的平均收益已不高于养猪或其他农作物。而且"无纾目前之虞,或兴意外之变",丝绸行业的堰塞湖危机正是目前之虞,是必须要抓紧解决的。

生产成本的快速增长给中国丝绸产业造成很大困顿,也极大地削弱了丝绸产品的市场竞争力。因此,桑蚕产业化、规模化、机械化、缫丝自动化、智能化,采取"公司+科研院所+基地+农户"的产业化模式经营,打造拥有全产业链的品牌公司都是提升桑蚕质量、降低茧丝成本的出路。中国政府虽然也在减少税费方面给予了扶持,但还需要督察扶持政策是否真正落实到了实体企业。在产业链中的织造、印染、制作各环节,也都有降低成本的空间。笔者参观过意大利一家有120年历史的丝绸织造厂,其中96台宽幅剑杆织机,年产200万米绸缎,全公司只有67人,真正实现了自动化、网络化、信息化。意大利最大的丝绸印染企业,共500余人,其中50%为研发设计营销人员,50%为操作工人,实现了生产和研发的全新融合。这些都是中国丝绸企业应该认真学习的,千万不能以为工资的刚性上涨、生产成本的快速上升已经导致产业无法生存。大部分中国丝绸企业的管理仍是传统和粗放的,每个企业和每种产品,必然都有提高劳动生产率和降低制造成本的空间与途径,而这恰恰是对企业家智慧和坚韧意志的考验。只有通过各方共同努力,切实实现降低茧价丝价,降低全产业链的生产成本,中国丝绸产业才能扩大市场份额,走上健康发展之路。

丝绸之于中国,承载着历史,镌刻着文化,象征着荣耀和辉煌。这是祖先留下的宝贝,传承和发展它是当代丝绸人的责任和使命。面对当前国际丝绸产业复杂多变的局面,是任其迁徙还是坚守祖业,我们必须对比做出回答。

(本文发表于《丝绸》杂志60周年纪念刊,原题为《丝绸产业的迁徙与挑战》)

科莫湖边的博物馆：跨越世纪的丝绸情缘

（2016年11月）

车载着我们在风光旖旎的科莫湖边疾驰，水光潋滟。

这一天，我率国际丝绸联盟团到科莫，造访意大利丝绸业。这是近年来国际丝绸产业间交流越发密集的实证，自2012年签订《中国杭州·意大利科莫丝绸促进联盟协议》后，每一次交流都加深了彼此之间的认识。这次终于顿悟，原来杭州与科莫、西子湖与科莫湖的丝绸情愫已然延续了5个世纪，至今两者依然作为世界丝绸产业中最重要的两个城市珠联璧合，两个湖泊因此而熠熠生辉。

科莫湖纤细悠长，是意大利最美最著名的湖泊，其中有三分之一蜿蜒伸展到瑞士。两岸高低错落地分布着富豪明星、达官贵人的别墅，紧临湖边的一栋别墅是拉蒂基金丝绸博物馆。

1985年，意大利丝织大亨拉蒂，出于个人对丝绸的兴趣，在科莫创办了拉蒂基金会，也创建了这个私人的丝绸博物馆。拉蒂先生遂开始在全球搜寻丝绸藏品，共寻得法国、意大利、中国、荷兰、印度等国千年以上的珍贵丝绸面料、服饰文物3500余件，这个丝绸博物馆1998年对社会公众免费开放。

当我们跨进丝绸博物馆,馆长 Francina Chiara 女士热情接待了我们。

女馆长的热情源于对杭州西湖边的中国丝绸博物馆的向往。她从书架上的丝绸专著中找出了中国丝绸博物馆馆长赵丰所著的《中国丝绸》的英文版,而我又发现了书架中意大利丝绸专家 Chiara Buss 女士的著作,我告诉女馆长,2013年,我们已把这本著作翻译成中文版的《金红丝绸——意大利伦巴第的奢华与挚爱》。

女馆长的热情不仅表现在滔滔不绝的讲解上,还让我们进入有恒温恒湿要求的藏品库房,向我们展示了年代久远的中国丝绸珍品。

明代的色织提花丝绒面料、清代的龙纹丝绸披肩、由欧洲人出图中国人手绘的丝绸服饰、融合着荷兰与中国元素的丝绸图案……原来在中国丝绸博物馆里都难以得见的500年前的中国丝绸文物已静谧地安睡在科莫湖边。

怀着对拉蒂基金丝绸博物馆创始人的好奇与崇敬,我们又去参观了位于科莫的意大利最著名的拉蒂丝绸公司。

它1945年建厂时的超前设计震撼到了我们,充满时尚气息的写字楼、占厂区一半面积的空旷草地树木、生产车间面向草地的一侧全是落地玻璃窗,令员工如同在优美的自然景观中工作。

如今,厂房顶的太阳能发电装置已可以满足公司的用电量,印染污水通过中水薄膜实现回用。艺术设计人员的超大办公空间、印花样品档案的储存量、所有物料器械的有序定位都令人叹为观止。

而中国丝绸企业中唯一可与拉蒂公司比肩的当数达利(中国)公司,达利(中国)公司恰恰坐落于杭州。厂区体现出城市建筑美学理念,水池喷泉青石板,小丘林荫四季花,被媒体誉为中国最美厂区,但达利厂区的设计比拉蒂厂区的设计时间毕竟晚了60年。达利也实现了太阳能集热发电和排污处理中水回用,并用谷电制冰蓄冷降温,成为中国绿色环保示范企业。杭州与科莫为世界丝绸产业树立了节能环保、绿色低碳的标杆。

在拉蒂公司我又见到了久违的Daniele Pachera先生,Pachera先生现在是拉蒂公司的产业总监,掌管着拉蒂公司丝绸织造、印染的全部产品生产。在2008年,Pachera先生曾率领7位意大利印染技术人员受聘于达利(中国)公司,用3年多时间帮助达利(中国)公司提升印染技术,帮助中国丝绸的印染后整理水平追赶意大利。所以再见到Pachera先生,我的第一句话就是:"感谢您把印染技术和管理模式留给了中国。"

拉蒂公司代表了意大利丝绸印染的最高境界,因为Pachera先生在达利(中国)公司的传授与付出,今天中国的丝绸印染后整理技术已经无限接近意大利。平心而论,Pachera先生促进了杭州丝绸与科莫丝绸的水乳交融。

说到杭州与科莫的丝绸情愫,还有一个主角就是中国丝绸博物馆,这座全球最大的丝绸博物馆就坐落在杭州西子湖畔。

西湖是历史文化之湖,是世界文化遗产,去年来杭州的游客已逾亿人次。有一句名言已成为游客来杭的执念,即"半为西湖半为绸",丝绸业界也有"世界丝绸看中国,中国丝绸看杭州"的共识。

来到西湖边的游客,很多都会以膜拜的心情参观中国丝绸博物馆。中国丝绸博物馆馆长赵丰领衔申报的"中国蚕桑丝织技艺"已获得世界非物质文化遗产名录保护,赵丰先生与科莫拉蒂基金丝绸博物馆进行过多次学术交流,中国丝绸博物馆中不仅有中国4000多年前的出土丝绸残片,也有意大利、法国100多年前的丝绸纹样、图案面料档案。所以,西子湖畔的中国丝绸博物馆自然成了科莫湖边Francina Chiara女馆长的向往之地。

当然,我们还应缅怀创建了拉蒂公司和拉蒂基金丝绸博物馆的拉蒂先生,拉蒂先生以他的远见卓识将意大利丝绸业提升到一个难以企及的高度,引发了与杭州丝绸业缠绵交融的情愫。

两个相隔万里的城市,两个同样秀丽的湖泊,在全球丝绸行业中携手同行,打造了经典传奇,而且,这一"双城记"正以无可比拟的动力演绎着新的故事。

(本文发表于杭州市城市品牌促进会微信公众号"杭州体验",原题为《跨越世纪的丝绸情缘》)

杭州与科莫：以丝绸的名义握手

（2017年12月）

　　由于中央电视台中文国际频道《城市1对1》栏目同意将"杭州与科莫"作为2017年栏目选题，我也于5月28日启程，随央视摄制组远赴意大利科莫，正式开拍电视片。

　　29日傍晚，科莫湖边，意大利丝绸协会设宴欢迎拍摄团队的到来。美丽的湖光山色，与西子湖一样，孕育了一个和杭州齐名的丝绸重镇——科莫，科莫生产销售的丝绸制品占意大利的80%，而杭州生产销售的丝绸制品占中国的25%，杭州与科莫是世界丝绸产业中无可替代的中心城市。今夜，我的手与刚换届的两任意大利丝绸协会会长的手紧紧握在一起，共同祝愿世界丝绸产业健康发展。可谓其乐融融，其意殷殷。

　　由于《城市1对1》栏目必须要对两地城市的美景美食进行介绍，我们于5月30日早上直接驱车登上科莫湖边最高的山峰，从900米高俯瞰对岸依山傍水的科莫城，看着一泓碧水平静如镜，褚红色的房顶渐次向山林延伸，心想，这才是宜居胜地。

　　下山来到于2016年开张营业的五星级酒店 il Sereno Hotel & Villa Pliniana ,酒店设计师原来是植物学家,所以每个视角都体现出植物学家的设计灵感,一个临湖的小小山角,却改建成了一座精致小巧、高低错落的五星级酒店,酒店内外的家具装饰,大多是木器、藤器,甚至有一面墙,自上而下全栽植了花花草草。听说是中国的中央电视台想要来拍美食,酒店老板求之不得,正好可为新开业的酒店向出手阔绰的中国游客做次宣传推广,即令经米其林大厨培训的厨师免费烹制了充满艺术气息的美食,五碟小菜虽色香味俱佳,令我们垂涎,但却食不果腹,结果还是靠酒店提供的意面满足了胃的需求。

下午2时,拍摄拉蒂基金丝绸博物馆。顾名思义,该博物馆是由拉蒂先生设立的基金会所建,博物馆内藏品众多,从1985年起,拉蒂先生以一己之力,跑遍欧洲,收集整理保护丝绸文物,共计有3500件之多,甚至还有中国明代的丝绒织物和清代的丝绣披肩,女馆长对丝绸藏品的故事如数家珍,央视拍摄团队对电视片制作亦精益求精。

下午5时许,我们才赶到原意大利丝绸协会主席 Giuseppe Bianchi 的家族企业。Seteria Bianchi 公司已有110年历史,传至主席已是第四代,企业生产真丝家纺面料和织锦工艺品。该公司规模不大,仅有35个员工,却有值得自豪的骄傲。公司向梵蒂冈教会提供金色绶带;向意大利政府提供色织国旗;把著名印象派画家绘在米兰火车站墙上的画作,用金银丝浓缩在织锦画中;在一幅《科莫湖》织锦中,从不同视角可看到湖水波光粼粼的变化。织造技艺精湛或许是一个规模不大的企业的主人当上协会会长的原因吧。Giuseppe Bianchi 先生在任期内,积极探索国际合作,他在2012年与杭州签署成立"中国杭州·意大利科莫丝绸促进联盟",也是欧洲最先赞成在中国成立国际丝绸联盟的国家级协会负责人。Giuseppe Bianchi 先生现担任国际丝绸联盟副主席,我们要诚挚感谢他对世界丝绸产业和谐健康发展所做的贡献!

5月31日上午,拍摄团队参观科莫丝绸博物馆。这是世界独一无二的丝绸工艺流程设备博览馆,收藏的丝绸工业设备从1850年到1960年,包括了缫丝、打线、纤经、织造、印染及艺术设计,还有20世纪二三十年代的服饰展示。据说陈列的设备仍都可使用,还能完成从丝到绸到制衣的全流程制造,设备一尘不染,保养的完美程度令人叹为观止。

今天是我第四次来到拉蒂丝绸公司,拉蒂公司不仅在意大利有名,在全球丝绸业界也是久负盛名。拉蒂先生于1945年创办了拉蒂公司,主营丝绸面料的织造印染,为众多奢侈品牌提供设计研发。1985年,拉蒂先生建立拉蒂基金丝绸博物馆,将位于科莫湖边的私人别墅用作博物馆馆址,是欧洲首屈一指的丝绸面料博物馆。几年前拉蒂先生过世,女儿Doni Ratti成为公司董事长,掌管了这家业内著名的企业。我前三次到访拉蒂公司时,都未能见到这位女董事长,所以这次联系时,特地提出希望董事长能出面介绍公司情况。

下午2时,我准时到达拉蒂公司,不想竟被阻在门外,说是5月新规,外来人员必须登记,外籍人士须出示护照登记。也许是出于防恐,但对预约来访的国外团队仍然一丝不苟,我只能以新董事长管理严谨来理解了。

董事长果然在会议室与我们会面,当我问及拉蒂公司的竞争优势时,拉蒂董事长称:源自对时尚的敏锐和客户能接受的价格。简单一句,道尽了传统丝绸企业立足于市场经济潮流中的真谛。董事长兴致勃勃地带我们参观了设计师们的工作场所、公司的样品资料库、新产品陈列室,并请各部门的负责人介绍情况。

董事长女士的爱犬一直跟随着我们,当我坐下抚摸已15岁的小黑狗时,董事长饶有兴味地坐在我旁边,和我聊着自己家的小成员,我们之间的距离拉近了。央视摄影师应我的要求,对拉蒂公司厂区也进行了无人机航拍,第一次让董事长从空中俯瞰的视角看到了自己的工厂,她很高兴,特别邀摄影师合影。离开拉蒂公司前,她和我们团队合影,她把手搭在我肩上,留下了亲密无间的影像。

6月1日,参观科莫的CLERICI TESSUTO公司。这是以前从未到访过的丝绸企业,进入公司,就像进入一座环境优雅的别墅。公司有122年历史,初创时的丝绸面料跨越了三个世纪还在生产,现年销售额5000万欧元。每个楼层走廊及楼梯都布置得极有艺术感,如摆满一堵墙的缝纫机收藏、来自中国的丝绸小饰品收藏、小帆船模型,陈列室中还张贴着20世纪50年代的茧丝绸宣传画。真正令人震撼的是公司的资料管理,在地下层,满目皆是厚厚的面料样品册,最早的是1882年的样品册,资料库升级成了电子数据管理,需要找年代久远的花型也是唾手可得。一个工厂就是一个面料历史博物馆,从历史积淀中发掘创新灵感,也许就是CLERICI TESSUTO公司的制胜法宝。

6月1日的第二站Ambrogio Pessina Tintoria Filati SRL公司是筒纱染色工厂,工厂虽小,却是科莫丝绸产业合作链中不可或缺的重要一环,丝绸企业色织面料织造的色纱都交给Ambrogio Pessina Tintoria Filati SRL公司加工。车间里设备先进,地面没有一滴污水,这在印染企业很难做到,着实令人敬佩。

第三站是Tessitura Serica A.M. Taborelli SRL公司,这是科莫规模最大的丝绸企业,有450台剑杆织机,在科莫设两家工厂,在罗马尼亚设一家工厂,主要是织造生产女装、丝巾、领巾和家纺的面料,年销售为6000万欧元。工厂厂长在剑杆织机中间向拍摄团队介绍生产情况,最令人羡慕的是织机上正在为 LV 生产经典款丝巾面料。大胡子企业主,也是意大利纺织工业协会科莫分部主席的 Andrea Taborelli 子承父业,正与设计团队在一起研究产品风格。意大利的丝绸企业基本上都是家族传承,百年企业并不鲜见。这样一种历史的积淀,企业文化与管理经验的积累精进,都是中国的丝绸企业难以企及的,虽说中国个别丝绸企业也有百年历史,个别企业家也已是家族中从事丝绸业的第三代或第四代,但这都不是真正意义上的传承,其间的脉络已被割断过,或者其中的体制已然变革过,所谓的"一脉相承"已成虚言,品牌的打造也必须"关山从头越"了。想清楚了这一点,当今中国丝绸企业家就应潜心历练,重在积淀。

下午我们又参观了科莫纺织处理中心,这是一家研究开发数码印花及后整理设备的技术公司,印花效果色彩分辨率高、立体感强,中国目前尚未引进该系列设备。

6月2日是意大利国庆日,我跟随央视拍摄组去卡洛塔别墅花园和贝拉吉姆小镇拍摄美景。在车上收到意大利纺织工业协会科莫分部主席 Andrea Taborelli 发来的微信照片,央视与国际丝绸联盟的拍摄活动登载在《科莫报》上,这既是国际丝绸行业的互动,也是各国媒体间的互动交流,想必待央视播出《杭州与科莫》电视片时,科莫媒体还会有所回应。

沿着科莫湖一路向北,约一小时就到达了卡洛塔别墅。别墅花园依山而建,面朝科莫湖水,原来这是为在科莫北部农村种桑养蚕发家致富的祖先修建的家族庄园,楼上展厅里还有当年养蚕的照片陈列。别墅现在成为一个著名的旅游胜地,但真正吸引眼球的已不再是故事的主人公,庄园已经成了一个遍布名贵树木、奇花异草的植物园,是植物爱好者的朝圣地,游客也纷至沓来,在林间休憩,在花前徜徉,寻觅享受生活的美好。

贝拉吉姆小镇与卡洛塔别墅隔湖相望,乘坐游船10分钟即可抵达彼岸。下了游船,竟感觉游人摩肩接踵,仿佛国内旅游景点般拥挤。小镇坐落于人字形科莫湖的顶点,地理位置得天独厚,贝拉吉姆小镇遂成为科莫湖边众多小镇中的幸运儿。盘旋而上的小镇道路两边,酒店、餐厅、旅游品商店林立,但又因建筑错落有致,园林精巧神奇,高大的桑树成林,林荫草地上父母孩子追逐嬉戏,加上清澈的湖水环绕和远处的重峦叠嶂,竟也嗅不到商业化的平庸,是一个人间乐园。走进镇上一间丝绸店铺,精神矍铄的店主热情地与我们攀谈,原来他已是76岁高龄,30年前曾在拉蒂公司任设计师,现店中所有丝绸商品全部出自他的原创。不少政要和富商都喜欢他设计的领带,《时代周刊》曾做过专题报道。店主遇到了同道中人,甚是欢欣,与我合影后还送我一条织有达尔文头像的珍品真丝领带,央视记者重点拍摄了这家丝绸店铺。

主要拍摄任务圆满完成后,意大利纺织工业协会科莫分部主席、意大利丝绸协会会长、意大利丝绸协会秘书长设了告别午餐与我们话别,双方期待金秋十月在杭州再聚首。

晚霞映红了科莫湖水,正如我们的飞机降落米兰时的满天朝霞,意大利是古丝绸之路的终点,而中国是古丝绸之路的起点,新时代的"一带一路"注定要红遍天下。

（本文发表于《钱塘江文化》创始刊）

法国丝绸：从疏离到甜蜜的神秘密码

　　法国里昂，自古是法国丝绸重镇，在世界丝绸史上具有不可替代的地位，也是法国丝绸协会所在地。深秋的 11 月，国际丝绸联盟部分成员参加完在意大利科莫召开的会议，转道来到法国里昂。

　　里昂丝绸展开幕式晚宴的中国元素和主办方法国丝绸协会的匠心都令人深深感动。里昂丝绸展十三年来一直是一个法国国内的丝绸展，今年是第一次邀请他国参展，这第一次开怀就拥抱了中国丝绸，又把开幕式晚宴安排在宫殿般的历史建筑——里昂市政厅，已代表了对中国丝绸的崇高敬意。

　　在入口处的台阶上，中国红映入眼帘，红色挂帘上的中文"丝质如我"直扑吾心。悬挂在宴会厅入口处的爱马仕最新丝巾设计是在红色骆驼上印上浅蓝的"絲"字，这出自爱马仕的中国设计师之手。

　　宴会厅浸淫在中国红的流光溢彩之中，大红灯笼上用中英文写着"专业""激情""创新""卓越"，这也是爱马仕中国设计师的奇思妙想。

　　中文菜单摆在餐桌上，第一道蔬菜盛在小小蒸笼里，上面横摆了一双筷子，不言而喻这是中国菜，是为中国朋友设的宴会。

宴会结束前,宴会主持人法国丝绸协会主席把两位主厨和两位爱马仕的设计师请到台上讲话,请嘉宾为他们的辛勤付出与杰出表现鼓掌。

宴会进行了四个小时,令我们感受到了法国给予中国的崇高礼遇,也满含着法国丝绸人对中国同行的深厚情意。我想,这一场特殊晚宴,定将开启中法丝绸的"金红岁月"。

法国时间2018年11月16日,已是里昂丝绸展开展第2天,展会门票5欧元,前来参观展会的市民络绎不绝,部分市民更是天天前来参观,并踊跃购买丝绸商品,可见丝绸文化在里昂这座城市的底蕴之深厚。

里昂丝绸展于2005年开始举办,起初只有6家参展企业,此后每年举办1次,发展至今已经有140家参展企业。展馆分2层,里昂丝绸展展品多样,以丝巾、丝绸面料和服装、装饰品为主。展会还举办了培训交流会,选取种桑养蚕、缫丝、织造、设计、印染和后整理6个关键阶段介绍了丝绸生产工艺,并进行了27场现场演示,让市民更直观地从中感受丝绸的历史文化与科技创新。

中国丝绸展馆被安排在二楼一个独立大厅。我为展览撰写了题为《丝绸——杭州的城市金名片》的序言,以中文法文分列在展馆入口处。据介绍和我的目测,中国丝绸展馆应该是整个展会中最好的一间展馆了。这当然要感谢主办方的特殊关照,但唯一的缺憾是法国展商的商品都可以销售,而中国丝绸不可以。主办方没有说明理由,但我想一定是担心中国丝绸的价格扰乱了法国市场的价格,当然我也非常理解主办方的这一举措。

法国丝绸协会还安排联盟的二十几位各国成员参观了里昂丝绒

公司。里昂丝绒公司成立于19世纪初,专业从事丝绒织造,是法国丝绸展创始参展企业之一,20世纪末开始全产业链生产,目前原料主要从中国进口。公司代表陪同联盟代表团参观了从整经、织造、印染到后整理的整个工艺生产,公司管理强、产品精细度高。丝绒主要采用一组经纱,两组纬纱,通过双经轴16片棕多臂机织造,直接割绒,产量少,但精细度高,面料出厂价约100欧元每米。近些年,里昂丝绒公司从事研发提花丝绒高定面料,与Dior、Gucci、Valentino等国际品牌都有合作。

本次法国丝绸节系列活动,内容更多样化、形式更多元化。各国代表齐聚里昂,通过参观展会企业、举行座谈交流,一边感受丝绸的文化底蕴,一边探讨丝绸的时尚设计,令人对丝绸的未来发展充满信心和期待。

在这次活动中,法国丝绸协会与国际丝绸联盟的相处已是水乳交融、甜蜜无间,作为联盟副主席单位的法国丝绸协会极尽地主之谊,展现了对联盟各国,特别是对中国丝绸的热情友好。但我为什么要用"从疏离到甜蜜"为题? 又是什么神秘密码促成了这种转化呢? 请容我慢慢解密。

2012年11月30日,我带领达利集团、凯喜雅集团、万事利集团、金富春集团、丝绸之路集团的代表应邀到瑞士苏黎世参加欧洲丝绸论坛,要完成一个重要任务,即复建世界丝绸协会。原世界丝绸协会因资金、人员、经营环境等条件所限,已经停止运行多年。所以在当年10月,意大利丝绸协会会长致函杭州丝绸行业协会会长,希望能一起复建世界丝绸协会,并把秘书处设在杭州。欧洲丝绸论坛秘书长,也即意大利丝绸协会秘书长还重新起草了世界丝绸协会章程,然后邀请我

107

们赴会签约。我将此情况向商务部国家茧丝绸办公室、中国丝绸协会做了书面汇报,然后就率队来到苏黎世。但天有不测风云,原欧洲丝绸论坛主席、法国丝绸协会会长不同意将世界丝绸协会秘书处设在中国杭州,会议不欢而散,我铩羽而归。

2015年4月,我随杭州市政府代表团考察欧洲。在意大利科莫,我和市委副秘书长再次拜访意大利丝绸协会会长,提议组建国际丝绸联盟,得到欣然同意和支持。同年10月,国际丝绸联盟创始成员大会顺利召开,但法国只有一个企业代表参加,法国丝绸协会依然缺席。

一个多月后,转机来了。法国丝绸协会致函国际丝绸联盟,自愿申请加入联盟。这对蹒跚起步的联盟无疑是一次重要的助攻。联盟即根据章程的规定程序和法国丝绸的行业地位,征求全体联盟理事、常务理事单位同意,增补法国丝绸协会成为联盟理事、常务理事、副主席单位。

2016年7月,联盟代表团又到里昂专程拜访法国丝绸协会。在协会总部会议室与法国丝绸行业协会举行了会谈。法国丝绸行业协会新任主席,爱马仕纺织控股总经理Xavier Lepingle先生,法国丝绸行业协会前任主席Philippe de Montgrand先生,欧洲纺织服装组织秘书长,法国丝绸行业协会秘书长Anne Cecile Caschera女士,法国百年丝绸织造家族企业Brochier Soieries公司董事长Cedric Brochier先生,香奈儿合作伙伴Denis Fils公司总经理Bruno Denis先生热情接待了国际丝绸联盟代表团。会议就共同关心的国际丝绸产业发展等议题进行了充分讨论。我介绍了联盟成立以来开展的各项工作,希望法国丝绸行业协会能在国际丝绸联盟中发挥积极作用。法国丝绸行业协会主席就联盟在其申请加入过程中提供的重视与特殊对待表示感谢,也表示作为国际丝绸联盟的重要成员,将与联盟共同努力,促进国际丝绸产业间的合作,推动世界丝绸产业健康发展。双方认真讨论后达成了由各方力量共同推动相关工作的共识。

同年10月,法国丝绸协会会长来杭参加联盟主席扩大会议。2017年10月,法国丝绸协会会长又率团到杭州参加联盟成员大会并发表主旨演讲。

接着,2018年,法国丝绸协会会长Xavier Lepincle先生作为东道主在里昂热情接待国际丝绸联盟各国成员。

那么,是什么促成了从疏离到甜蜜的相处呢?我看不外乎以下几点。

1. 规范、热情、严谨、隆重的创始成员大会及联盟"交流合作、携手发展"的宗旨提升了信任。

2. 诚恳、礼貌、实干、高效的秘书处工作增添了好感与动力。

3. 中国丝绸、杭州丝绸的影响力日益扩大。

4. 希望加强合作,推动世界丝绸产业健康发展的共同心愿,及对"世界丝绸杭州共识"的赞同。

从疏离到甜蜜的变化过程,也印证了"丝绸之美,美美与共"的真实可信。在此文结尾,我要再次真挚地感谢法国丝绸协会会长Xavier Lepingle先生。

"海上丝路"与东南亚丝绸

（2018年）

一、历史上中国与东南亚国家的丝绸贸易

东南亚国家地处海上丝绸之路的咽喉要道。丝绸是中国最早的出口商品，中国丝绸出口到东南亚国家可以追溯到公元前2世纪。据《汉书·地理志》记载，汉武帝时期（前140—前87），由黄门译长率领的中国海船，携带大量黄金和丝绸，从徐闻、合浦出发，到越南、马来西亚、泰国、缅甸等地，交换"明珠、璧流离、奇石异物"。在三国、隋唐、宋元时期，史料都有记载中国丝绸在东南亚国家的贸易。至明朝，中国与东南亚的丝绸贸易发展到一个新阶段。永乐一朝的二十二年间（1403—1424），东南亚与中国有友好往来的国家和地区达47个[1]，而中国丝绸始终是友好往来中主要的贸易商品。

中国和东南亚的丝绸贸易可以分三种方式。早期为汉武帝时期，

---

[1] 朱鹏：《试论明前期中国与东南亚的丝绸贸易》，《五邑大学学报（社会科学版）》2002年第3期，第34—37页。

主要的贸易形式为以物易物,是以中国丝绸去交换东南亚的奇珍异宝,那时交易数量不多,只为满足皇家的赏玩需求。第二种贸易方式为"朝贡"和"赏赐",历史上东南亚的国家都是小国,为了安定,他们都愿意朝贡大国,而中国历朝与东南亚诸国也一直秉持"安抚、交好"的国策,每次馈赠物的价值都会远高于朝贡品,于是会动用大量丝绸。这种朝贡与赏赐由于数量庞大,实际上就演变成一种官方贸易。随着使节传播到国外的丝绸日益增多,竟然在东南亚形成了丝绸集散地,也就有了第三种贸易方式:买卖贸易。明成祖在位期间,郑和多次下西洋,虽然最远到达过非洲东海岸和红海沿岸,但其活动地区主要还是在东南亚。郑和使团每到一处,宣谕完毕,即以丝绸等物赏赐馈赠,并开市贸易,其外传的丝绸规模之大,超过历史上的任何时期[1]。现仅据《星槎胜览》《瀛涯胜览》的记载,把郑和船队输入东南亚的丝绸种类列表如下:

郑和船队输入东南亚的丝绸种类表

国名	今属国别	输入丝绸种类	备注
占城	越南	纻丝、绫绢	《瀛涯胜览》
真腊	柬埔寨	锦、锻、丝布	《星槎胜览》卷一
暹罗	泰国	色绢、色缎	《星槎胜览》卷一
交栏山	印度尼西亚	五色绢	《星槎胜览》卷一
旧港	印度尼西亚	五色布绢、色缎	《星槎胜览》卷一
重迦罗	印度尼西亚	花绢	《星槎胜览》卷一

① 陈炎:《略论海上"丝绸之路"》,《历史研究》1982年第3期,第174页。

世界丝绸篇

国名	今属国别	输入丝绸种类	备注
满剌加	马来西亚	色绢	《星槎胜览》卷二
麻逸冻	菲律宾	五色布绢	《星槎胜览》卷二
彭坑	马来西亚	色绢	《星槎胜览》卷二
阿鲁国	印度尼西亚	色缎、色绢	《星槎胜览》卷三
苏门答腊	印度尼西亚	色绢	《星槎胜览》卷三
花面国	印度尼西亚	缎、帛	《星槎胜览》卷三

隆庆元年(1567),月港开禁之后,民间前往东南亚的商贩者络绎不绝,他们携带的货物中,丝绸占了相当一部分。而东南亚各国的商人到明朝进行贸易,也喜购丝绸,中国丝绸已成为与东南亚贸易中的最大宗商品。更有史料显示,西班牙征服殖民菲律宾的三百多年间,主要靠进口中国丝绸出口到美洲获利,中国与西班牙殖民帝国的贸易关系,就是中国丝绸流向菲律宾再输往美洲,而白银流向中国的关系。1565—1820年,墨西哥向马尼拉输送了4亿比索,绝大部分流入了中国。(比索乃是墨西哥殖民政府所铸的一种银币,重七钱二分。)

二、中国茧丝绸生产传入东南亚

其实,中国丝绸不仅仅是通过海上丝路与东南亚国家进行贸易,在贸易之余,中国的茧丝绸生产技术也传入东南亚,推动了东南亚丝绸产业的发展。国际丝绸联盟在东南亚各国开展交流时,泰国、越南、柬埔寨等国的丝绸业界人士都坦言该国的种桑养蚕和丝绸织造技术是从中国传入的。柬埔寨丝绸品牌圣淘沙创始人Seng Takakneary女士称其外祖父是华人,迁居来柬埔寨时把丝绸织造技术带到柬埔寨。

泰国丝绸协会副会长Buntoon Wongseelashote先生在2017年"一带一路"中国国际丝绸高峰论坛的发言中说:"丝绸原产于古老的中国。在中国,纺织纱的做法最早出现在公元前2640年。后来中国的商人将丝绸通过贸易的形式传播到全亚洲。"就像意大利和法国说欧洲丝绸源于中国一样,谁也不会否认东南亚丝绸也源于中国,因为世界丝绸都源于中国。

中国丝绸生产技术是什么时候传入东南亚的?《印度尼西亚历史纲要》中记载:14世纪时,华侨已把养蚕制绢的方法传给了印尼人。作者陶威斯·德克尔在书中还说:"的确,我们的祖先是向中国学习用蚕丝织绸的。不久,我们自己也学会织绸了,不仅中国的丝绸出口,我们的丝绸也出口了。"荷兰学者舍利克也指出,中国的种桑、养蚕和织丝方法传入巴厘、楠榜、巨港和加里曼丹地区,成为这些地区的家庭手工业。①越南北接中国,织锦技术在宋代就传入了②,据《皇越地舆志》记载:"香茶县有操芒坊,居富春江东柑之后间山西、宜春、万春三社地,分为三邑。每邑十家,织工十五人,学织于北客。世传古花彩缎秀诸花样,皆妙巧。"广南府的织作"人工精巧,所织绢布绫罗,华彩巧丽,不减广东"。

从史料看,中国的茧丝绸生产技术最早从宋朝开始传入东南亚,东南亚各国先是模仿中国的花样和技术,慢慢地融入了当地的文化艺术和民族特色,现在东南亚各国的国服大部分采用丝绸面料,而纹样花式都具有浓郁的民族风格。丝绸生产技术的传入也促进了东南亚的经济繁荣与人民生活水平的提高。在中国纺织品进出口商会每年

---

①② 芦敏:《中国古代丝绸在东南亚的传播》,《四川丝绸》2005年第1期,第28-31页。

统计的世界主要丝绸进出口贸易国名单中,泰国、马来西亚赫然在目。

2017年9国及欧盟丝绸商品出口金额统计表①

金额单位:万美元

国家/地区	金额	同比增长(%)	占比增长(%)
合计:	1532228.95	4.29	100
欧盟(对外贸易)	466956.1	1.11	30.48
中国	355765.43	22.9	23.22
印度	350569.77	1.41	22.88
土耳其	213228.67	−5.81	13.92
美国	64365.08	−2.55	4.2
泰国	40727.28	5.07	2.66
日本	21427.65	−5.67	1.4
马来西亚	9357.94	2.37	0.61
巴西	6587.76	6.73	0.43
澳大利亚	3243.27	10.03	0.21

三、海上丝绸之路如何继续发展

回溯海上丝路历史,中国丝绸在中国外贸的开疆拓土中发挥的作用也超乎想象。现如今,由中国政府开启的"一带一路"倡议已受到越来越多国家政府的赞同和响应,中国企业"走出去"的步伐不断加快。今年1至5月,中国境内非金融类对外投资478.9亿美元,同比增长38.5%,在"一带一路"沿线54个国家新增投资59.3亿美元,同比增长8.2%。可以说中国的和平崛起正在以"合作共赢"理念塑造着人类命

① 中国纺织品进出口商会:《2017世界丝绸贸易进出口统计报告》,http://www.ccct.org.cn/Pub/S/3657/252497.shtml。

运共同体,在此大潮中,历史上曾做出卓越贡献的中国丝绸又有什么举措,取得了什么进展呢?

2015 年 10 月,由中国丝绸企业发起,各国丝绸业界支持,国际丝绸联盟在杭州成立了,联盟宗旨为"交流合作,携手发展"。至今已有 17 个国家和地区,110 家企业和丝绸机构申请成为成员单位,意大利、法国、越南的国家级丝绸协会,柬埔寨商务部丝绸发展促进委员会都已是联盟的副主席单位或理事单位。联盟成员单位之间的交流越来越多,中国丝绸企业在东南亚的合作项目正在逐步展开。联盟主席单位浙江凯喜雅集团,已在云南德宏地区和缅甸北部边境兴建大面积桑田,并正在云南规划丝绸产业园区;联盟副主席单位达利集团,已在柬埔寨金边地区投资投产一家有 800 台平缝机的梭织服装厂,并正在泰国寻找建设丝针织产业链的合作伙伴;联盟理事单位杭州华龙纺织机械公司,已将制造的自动缫丝机等先进设备投资于越南的制丝企业,形成的合资企业已成为越南最具竞争力的缫丝企业;联盟理事单位浙江桐乡市山河伟业纺织公司在越南投资的缫丝绢纺厂已经开工;联盟理事单位杭州纺织机械公司的自动缫丝机在全球销量最多,当然也销售到泰国和越南;联盟理事单位杭州中国丝绸城商会会长企业已与越南会安丝绸村集团签订了经贸合作协议。今年 8 月,国际丝绸联盟秘书长又专程赴泰国,拜访了泰国丝绸协会会长,沟通交流了合作意向。并与泰国桑蚕司司长等进行了会晤洽谈,参观了泰国皇家孔雀标志丝绸展,加深了相互了解,拓展了合作空间。

2017 年 10 月,联盟成员大会还达成了"世界丝绸杭州共识",共识有六点:

第一,丝绸是全人类的共同财富,丝绸蕴含着人类文明、多国文化,丝绸通过古丝绸之路的交流融合,在人类社会发展中留下了厚重璀璨的篇章。

第二,中国倡导的"一带一路"愿景,溯源至陆上丝绸之路与海上丝绸之路,实质是要建设一条新的联通世界的经贸之路、合作之路、共赢之路、和平之路,这是世界丝绸共同发展的良机。

第三,国际丝绸联盟的成员单位要加强相互交流,促进经贸合作,推进投资兴业,推动世界丝绸产业健康、和谐、可持续发展,使丝绸继续造福民生,造福社会。

第四,国际丝绸联盟的历史文化、教育科研、技术创新、时尚设计、贸易制造五个专业委员会要在各自范围内努力开展具有开创性、引领性、包容性的课题研究,以期取得能推动产业发展的实质性成果。

第五,国际丝绸联盟旨在关注关切世界丝绸产业发展中的热点难点问题,整合资源,相互协作,形成合力,努力化解难题。

第六,国际丝绸联盟要努力与丝绸生产消费国各层面建立交流渠道和良好互信关系,争取得到政府层面对丝绸产业的重视和政策支持。

"世界丝绸杭州共识"是国际丝绸联盟取得的一个具有里程碑意义的成果,共识在东南亚各国丝绸业界也得到了积极回应。柬埔寨商务部丝绸发展促进委员会与国际丝绸联盟签订了战略合作协议;越南蚕桑协会与国际丝绸联盟签订合作备忘录时,越南林同省保禄市政府作为见证方;泰国丝绸协会、泰国农业部桑蚕司与国际丝绸联盟正在深入沟通合作项目;印度尼西亚丝绸企业也申请加入了国际丝绸联盟。这些进展都显示了国际丝绸联盟在东南亚的影响力正在逐步彰显。仅以国际丝绸联盟与柬埔寨商务部丝绸发展促进委员会的战略合作协议中的条款二为例,就可看到丝绸业在东南亚地区具有广阔的合作空间。

条款二：本战略合作协议的合作领域

当前情况下，双方同意开展以下合作活动：

甲方：

· 同意为柬埔寨丝绸产品的发展提供技术协助和支持，在培训种桑养蚕专业技术人才、筹建鲁班工匠学校或国际丝绸时尚设计学院等方面提供建议、创造机会；

· 以商贸洽谈、组团参展、投资合作等多种方式帮助柬埔寨丝绸产品的进出口中国市场；

· 组织参加国际展会，开拓国际市场、构建营销渠道；

· 发挥联盟的平台优势、资源优势，为柬埔寨的参与者组织当地的和国际性的培训和研讨会，以提高丝绸部门的能力；

· 通过各项丝绸活动，在资讯传播与文化交流方面协助乙方尽快融入国际丝绸发展的趋势潮流。

乙方：

· 坚持发展柬埔寨丝绸产业的既定目标，完善发展柬埔寨丝绸产业的规划路线图，愿意接受为以提升柬埔寨丝绸产品发展为目的的技术协助和支持；

· 积极参加各种国际培训和丝绸行业活动，交换丝绸相关部门的研究成果和信息；

· 为丝绸产业技术人员的培训提供本国的场地支持和师资、食宿等配套服务，积极筹建当地的培训班和学校；

· 通过商业配对和商贸展览，促进柬埔寨私营部门与各国丝绸业界间的经贸投资合作关系，制定有利于柬埔寨丝绸产业发展的政策措施；

·鼓励柬埔寨的丝绸社区、丝绸企业加入国际丝绸联盟,抓住"一带一路"倡议机遇发展柬埔寨丝绸产业。

战略合作协议中的甲方为国际丝绸联盟,乙方为柬埔寨商务部丝绸发展促进委员会。甲乙双方已经为促进柬埔寨丝绸业发展达成了很多共识,柬埔寨政府已制定了发展丝绸五年规划,也亟待国际丝绸联盟与中国丝绸业的大力支持。在此战略合作协议的基础上,很快就能形成一个具体实施方案。但国际丝绸联盟毕竟资源有限,力有不逮,如果中国政府在"一带一路"倡议中的扶持政策能够惠及柬埔寨丝绸产业的发展,能够资助柬埔寨成立一家专业传授中国种桑养蚕、缫丝织造生产技术和艺术设计方法的丝绸学校,就将成为柬埔寨丝绸业发展的最强大推手,也可以成为东南亚各国丝绸人才培训进修的共同平台。

岁月如梭,沧海桑田。丝绸亘古,泽被人间。丝绸源于中国,尽管因战乱、病害、工业化、环境改变等影响,茧丝绸产业在各国间兴衰迁徙,但终究此消彼长,绵绵无绝。虽有历史文化、民族特色、工艺技术、时尚潮流之异,但世界各地的丝绸产品却如奇花异草,各领风骚。丝绸承载着各国的文化,丝绸是各国经济发展中的重要抓手,丝绸成为各国间交流合作的见证,丝绸具有在世界通行的共同价值。今天,中国丝绸历久弥新,依然生机盎然。中国丝绸通过海上丝路促进东南亚丝绸的发展,相当于在历史长河中,在相隔2000多年后,中国再一次谱写带动东南亚发展丝绸的华丽篇章。而发展丝绸业无疑是一条助推东南亚国家现代化建设,帮助人民走向幸福生活的康庄大道,只要在这条大道上坚持努力,"一带一路"倡议合作共赢的累累硕果也一定会彪炳千古。

(本文收录于2018年《东方文化论坛》论文集)

越南广南:丝绸与人文历史剪影

(2016年4月)

越南之于中国,有一种说不清道不明的关联,曾经有兄弟情谊,也是昔日的战场对手,有相同的国家体制,却屡有反华游行,还侵占着我国南海众多岛屿。随着斗转星移,时代变迁,我们对越南这个近邻,似乎是爱恨情仇集于一身。越南究竟是一个什么样的国度? 今年3月,我们应邀出席了在会安举办的越南—亚洲丝绸文化节,近距离接触到越南的风土人情和社会状况,也算是拨开云雾窥探到越南的一个侧影。

一、会安丝绸村的神秘魅力

"在会安被联合国教科文组织认定为世界文化遗产的16周年,会安—广南蚕桑发展300周年,会安市解放41周年之际,广南丝绸联合股份公司将于会安丝绸村举办2016越南—亚洲丝绸文化节。"邀请函中的这段话包含了大量的信息,而我们对会安丝绸村还是全无概念,一个什么样的丝绸村,能够举办亚洲丝绸文化节呢? 国际丝绸联盟的诸多成员单位怀着极大的好奇,报名参加了这一活动。

世界丝绸篇

3月27日出发,越捷航空航班由杭州出发,登机后才发现满舱都是游客。飞机到岘港,已是28日凌晨2点,天亮之后,会安丝绸村才掀开了朦胧的面纱。

丝绸村,并非我概念中的农村或村庄,它应该算是镶嵌在会安城中,不过不是在世界文化遗产会安古城之中,而是在古城之外的新区。新区街道狭窄,民居错落,虽不及我国新城新区规划有序、高楼耸立,但也显得清新自然、整洁温馨。会安丝绸村应该说是一个越南版的丝绸文化创意园,越南—亚洲丝绸文化节就在会安丝绸村的园区内举行。

参加这一丝绸文化节开幕式的嘉宾来自中国、泰国、印度、日本、缅甸、柬埔寨、马来西亚、意大利、瑞典、瑞士等国家,还有越南广南省省府官员、会安市市府官员和会安200家服装店的代表,大家在古旧建筑和树木簇拥着的空地上安坐,观看台上和我国国内开幕式相同的舞蹈表演、领导讲话、嘉宾致辞、主办方答谢、开幕剪彩,流程一应俱全,并无二致。不同之处在于舞蹈是越南民族舞,翻译需要懂中文、英文、越南文,而且在舞蹈中还插了一段与会者都可以参与的祭祀祈福仪式,这算是越南风俗民情的一种吧。

开幕式后,与会代表自由参观了各国丝绸企业的展览,展品丰富多彩,主要是进行交流,当然也可交易。也参观了会安丝绸村的展厅,以及一些传统工艺展,如缫丝、卷筒、织绸,它们用最古老的工艺手法与设施述说着越南丝绸300年的历史变迁。还举行了"传统产业时尚创新"研讨会。来自各国的企业家纷纷发表各自在创新发展方面的经验和感悟,期许国际丝绸产业能够健康发展。晚上,会安丝绸村又安排了时装走秀,不专业的模特穿着越南的民族服装奥黛,在台上走得兴高采烈、喜笑颜开。

一天下来，会安丝绸村的神秘感渐渐消退，我们了解了越南丝绸的过去和现状，也体会到了越南丝绸企业渴求发展的志向。值得一提的是会安丝绸村在会议餐饮上的接待能力，几百人中午晚上两顿自助餐，安排得妥妥的，无论是餐品、座位、场地、服务与环境卫生，几乎无可挑剔。同时，会安丝绸村的整体设计和运营模式也引起了中国企业家的研究兴趣，也可成为中国丝绸文化创意园借鉴的模板。

二、熙熙攘攘的会安古城

3月29日上午，会安丝绸村安排所有国外嘉宾参观世界文化遗产会安古城。会安古城并无城墙，甚至没有与新区的明显间隔，导游把我们带到一个路口说，这里面就是古城，上午9时到下午5时汽车不能驶入。当时刚过9时，古城街道上人迹稀少，街上很多店铺还没开门，很快游客多起来了，到10时之后，街上就已人头攒动，熙熙攘攘了。古城街上的房屋不像中国四大古城，每个古城内都是同一种建筑风格，会安古城同时具有中式、日式、法式和东南亚风格的建筑，既可以说是会安文化多元，也可说是会安历史多舛。

古城内最有名的是一座有数百年历史的日本廊桥，桥的两头分别蹲着石猴石狗，自古被古城居民尊为猴神和狗神，猴神一侧住的是中国人，狗神一侧住的是日本人。廊桥下依然有河水流淌，但水流浑浊发黑，与世界文化遗产这一称号搁在一起实在不大匹配。古城并非工业区，想必是生活污水所染，要治理应该也不难。

古城内最大的庭院是福建会馆，亭台楼榭，太湖石琉璃瓦，完全是中国的园林风格，也是一处需要另外购票入内的场所。

街上最多的要数服装店,以越南民族服居多,我们在一个咖啡馆喝了杯冰咖,小餐桌竟然是去了机头的缝纫机架,联想到昨天的越南—亚洲丝绸文化节,号称有200家当地的服装店代表参加,不由感叹丝绸服装产业在会安的重要地位。而中国正在兴起的所谓私人高级定制,其实在会安一直都有。

古城游客中最多的要数欧洲人,这也许是与它曾是法国殖民地有关,当然更可能是世界文化遗产声名远扬。要论政府对世界文化遗产景区的投入,越南会安肯定远不及中国的某些城市,但在吸引国际游客方面倒是很值得国人学习。我想商家的厚道诚信也是必修之功课,在一家旅游商品店内,一位同行看中了一只古旧的瓷罐,问了价后又问这一瓷罐有多少年了,年轻女店员回答"5年,新的",同行又想还价,但对方分毫不让。最后同行仍欣然付款,颇有种童叟无欺的古风。

在越南短暂的四天,我们去了会安、岘港、顺化,参加过丝绸文化节,也参观了会安古城、顺化古都和王陵,见到了岘港夜景、越南最美渔村和最美沙滩。国际丝绸联盟同去越南的部分成员还去了胡志明市考察了桑蚕基地、大型服装厂和纺织机械展览,应该说对越南多少有了一些了解,也算管中窥豹,略见一斑吧。

其一,越南已铆足了劲儿发展丝绸业,据了解,越南的加捻丝出口日本的数量已经超过中国。中国现在是丝绸大国,但千万不要小觑了越南的韧性。

其二,越南经济发展没有中国快,但社会祥和稳定,人民安居乐业。特别是最美渔村与中国一些海岛上人去屋空、野草肆虐的景象形成鲜明对照。中国在经济高速发展时要更重视民生。

其三,想到前面所说中国和越南说不清道不明的关联,只能说作为两个主权国家,都会有各自的国家利益,要在国际舞台上博弈,国与国之间应该牢记友谊,忘记仇恨,互相尊重,用大智慧解决分歧。相信只有和睦相处,友好交流,相互学习才是最好的发展之道。

（本文发表于世界丝绸网）

越南会安丝绸村董事长其人

（2017年6月）

2017年6月12日，从上午8时开始参加越南国际丝绸文化节，与会安丝绸村董事长Le Thai Vu热情握手，到晚上10时观摩越南时尚秀结束，冒着33摄氏度酷暑，终于完成了第一天的活动。越南国际丝绸文化节的主办方越南会安丝绸村的董事长好像是铆足了劲儿，要给来参加活动的各国嘉宾安排尽量多的活动，否则好像会感到对不起嘉宾们似的。盛情好客是我对他的原有认识。

今年已是国际丝绸联盟第二次组团来会安丝绸村，去年是越南—亚洲丝绸文化节，今年升格为国际丝绸文化节，表面看是为了"高大上"，实际上也是一种融入世界、自我提升的过程。不过，有一点我一直没想明白，会安丝绸村作为一家私营企业，为什么要花巨资独立来发起主办这样一个国际性的丝绸文化活动？虽然Le Thai Vu一定经营有方，赚了不少钱，他已在会安开了四家酒店和度假村，但你有钱可以继续投入企业，为什么要邀请四方宾朋，免费食宿，年复一年地举办为期两天的丝绸文化节呢？中国的丝绸企业会这样做吗？有这样做的吗？他这样做究竟图什么呢？今天活动结束时，我终于知道了答案。

　　国际丝绸联盟为活动最重要的嘉宾，我按活动的议程完成了多项规定动作：在开幕式上致辞；开幕式后带领中国、越南、泰国、柬埔寨的联盟成员代表与越南广南省副省长、保禄市市长、越南丝绸协会会长等会晤，交流沟通了如何发展越南丝绸产业等问题；接受了越南电视台、广南电视台、越南国防电视台的采访，回答了诸如"越南丝绸产业很困难，你认为应该怎么办""与中国丝绸相比，你认为越南丝绸的不足在哪里"等异常庞大的问题；在国际丝绸论坛上发表了以"交流合作 携手发展"为主旨的演讲。完成了这些不能回避的议程，我开始放松心情，正好有同去的企业老总约我去会安古城吃晚饭，我就应邀出席了，虽然议程中还有一场时尚秀，我心想这是娱乐活动，不参加应该没问题。

　　企业老总在活动志愿者的带领下，来到会安古城中一家越南餐厅，酒过三巡后，Le Thai Vu 董事长几次来电话，希望我能去参加时尚秀，如此盛情，却之不恭，只能速速赶去秀场。

　　去年秀场在丝绸文化村内，今年换了地方，在古城边，也仍是露天，秀场灯光璀璨。董事长已在迎候，看着已排排坐定的观秀人群，我连称"不好意思，对不起"。

　　这时候，今天活动的高潮来了，董事长拉我坐定，向我介绍了这一秀场。"这里原是孔子庙，是几百年前中国人留下的建筑，但现在很少有人来，游客大多去古城内的日本桥，我把秀场安排在这里，就是想让大家多来孔子庙，慢慢淡化我们两国之间的纠葛。"

　　Le Thai Vu 的这一席话，真是惊呆了我。一个越南丝绸人，竟有

125

如此深刻的考量。一场时尚秀的选址,竟蕴含着滴水穿石、潜移默化的巨大目标。

这是一个令我感动、令我肃然起敬的人。他的情怀早已超越了赚钱、超越了小我,他在国际丝绸联盟成立之后,开始在会安丝绸村举办越南—亚洲丝绸文化节和国际丝绸文化节,利用这一平台,日益加深与中国的交流合作,难道不是也包含着为了"慢慢淡化我们两国之间的纠葛"这个无私无我的目标? 我庆幸自己在上午的简短致辞中说了一句"我们是为友谊而来,为交流合作而来,为共同发展而来",因为Le Thai Vu董事长的思想深度远超于我,他会对这句话产生共鸣。他一定也会视我为真正的朋友。

(本文发表于世界丝绸网)

越南丝绸发展前景浅析

（2018年1月）

2017年12月23日至28日，国际丝绸联盟受越南保禄市人民委员会和越南蚕桑协会邀请，联盟成员单位广东丝纺、广西华虹、杭州美嘉标、杭州纺机、杭州富强、桐乡河山伟业、杭州华龙、杭州新洁绣、杭州吉祥、湖州宝宝蚕业、浙江华芝十一家企业抱着近距离观察了解越南丝绸产业的愿望，组团参加第七届大叻花市"丝·茶文化周"活动。主办方热情周到地安排了联盟代表团观摩时装秀、游览景区、参观茶园桑田及丝茶咖啡木器经贸展览、与保禄市政府及丝绸企业代表座谈、参加"丝·茶文化周"开幕式、参观丝绸企业、参加国际会议等系列活动。在国际会议上，由保禄市政府见证，国际丝绸联盟与成员单位越南蚕桑协会签署了合作备忘录，联盟秘书长提出了对解决越南丝绸业面临困难的建议意见，参访活动取得了预期成果。

一、越南丝绸现状

这次参访，使我们对越南的丝绸产业有了进一步了解。据介绍，越南目前年产生丝1000吨，出口印度、巴基斯坦、泰国、柬埔寨、日本

127

及意大利。保禄是越南丝绸的主产区,约占越南丝绸产值的70%,而保禄最大的丝绸企业越南蚕业公司(Viseri)又占了其中的60%,越南蚕桑协会设在保禄,Viseri公司的副总经理担任越南蚕桑协会会长,Viseri公司又是今年保禄"丝·茶文化周"开幕式和国际会议的承办方,可见保禄市和Viseri公司在越南丝绸产业中的特殊地位。

越南丝绸产业以出口生丝、加捻丝及和服绸为主。日本最大的丝绸企业松村株式会社在保禄有十家合作企业,我们参观的两家丝绸企业,自动缫丝机是意大利20世纪70年代的,捻丝机与织机是日本制造的,虽然设备年代久远,但由于保养维护得好,设备都还在正常运转,这些工厂生产的加捻丝和和服绸都出口到日本和意大利。在大叻有杭州华龙公司制造的4台新型自动缫丝机,2017年投产后生产效率大增,搅动了越南的茧价丝价,既造成越南蚕茧紧俏,也使丝价骤涨至45.5万元人民币/吨。

保禄地处越南中南部,北纬10度,海拔800米左右,地势多为丘陵,光照充足,气候条件非常适合种桑,一年四季可不间断养蚕。保禄的农作物主要为茶叶、咖啡、桑蚕,可能由于种桑养蚕劳动投入多,投入产出比不高,我们在保禄并没见到成片的大面积桑园,也许当茧价丝价大幅上涨后,桑园面积才会大量增加。

24日晚观摩了保禄本土丝绸与服装企业的服装秀,服装基本上是越南民族风格的奥黛,但雷同多,变化少,缺乏时尚气息,可以说乏善可陈。但25日晚的开幕式上,Viseri公司展示的大量经典的、精美的奥黛,代表了越南的服装设计水平。

从25日下午的政府企业座谈会和26日下午的国际会议中,可以知道目前困扰越南丝绸业最大的问题是桑种与茧种。茧种现在都从中国由陆路输入，路途中死亡率高，蚕茧大小均匀，但茧层偏薄，丝长在700—800米左右。桑种也缺少甄选，做不到像中国政府那样免费统一发放桑苗，所以桑园的面积扩大存在很大制约。而且越南的种桑养蚕仍处于粗放管理，远不及中国养蚕业在温度湿度方面的精细化管理。

二、越南丝绸的发展空间与重点

可以说越南丝绸业的发展空间巨大，除了气候条件适宜种桑养蚕外，相比其他东南亚国家，越南缫丝织绸的设备基础也大大强于柬埔寨、缅甸、泰国、老挝等国家。加上日本公司在越南二十几年的经营，工厂的生产管理井然有序，产品质量有相对保障。从保禄市举办"丝·茶文化周"活动，林同省副省长、保禄市市长在开幕式的致词，在国际会议上的讲话以及与丝绸企业代表的直接对话上观察，政府对丝绸产业的发展也相当重视。

越南丝绸发展的重点在于政府的重视要转化为制定发展规划和实施计划。一是要建立自己的茧种站，在当地培育茧种，彻底改变从中国进口茧种的模式；二是要由政府建立桑种场，统一改良培育桑苗免费提供给蚕农。如果政府无法负责这两项运作，也可以让Viseri这样的大公司用商业模式建立茧种站和桑种场；三是要引导资本引进新型缫丝机和织机，无论内资外资均可，用资本去提升劳动生产率和产品质量；四是要营造良好的市场氛围，减少行政障碍和无序竞争。如此，越南丝绸业一定可以获得快速发展。

三、外资进入越南丝绸的可行性

由于中国丝价暴涨,很多业内同行都开始关注去越南投资发展的可行性,在此,我也要根据所见所闻给出建议。

尽管越南丝绸发展有巨大空间,但由于各国国情民情不尽相同,去越南投资丝绸产业仍需谨慎。越南现有38组新旧自动缫丝机,2018年已计划再添加10组。由于蚕茧供应跟不上缫丝产能,必然重演中国茧价涨完涨丝价的戏码,越南丝价已涨至7万美元/吨,与中国相比,出口印度等国的优势基本上仅有免进口关税而已。

越南政府并没有招商引资的目标任务,也不如中国政府手中资源多、推动力度大,所以要靠投资者自己去协调方方面面的关系,投资者时常会感到孤立无援、束手无策,项目推进速度缓慢。

比较可行的方法是由外国企业找到越南当地比较了解和可信任的合作伙伴,以合资公司形式经营。杭州华龙纺机公司在越南大叻一家缫丝厂投入4组自动缫丝机组建合资企业,很快就达到盈利,值得借鉴。以长期稳定的订单锁定越南现有的丝绸企业作为合作伙伴,也是一种不错的选择。

如果能与保禄市有关科研机构合作,或与Viseri公司合资兴建茧种站和桑种站,由源头促进越南丝绸产业大发展,则更是一件事半功倍的可为之事。

(本文发表于世界丝绸网和越南蚕桑协会官网)

柬埔寨丝绸考察报告

（2017年）

　　受柬埔寨商务部邀请,国际丝绸联盟组织中国成员单位赴柬埔寨进行为期五天的考察。考察团成员来自八个省市和香港特别行政区,共十三家企业单位的代表二十人,包括达利国际集团、浙江凯喜雅集团、山东海润集团、上海丝绸集团、云南保山利根丝绸公司等丝绸大鳄的高管,一个覆盖丝绸全产业链的精英考察团满怀探究之心踏上柬埔寨大地。柬埔寨商务部高度重视这次考察,进行了周密的走访和会议安排,在考察结束之际,国际丝绸联盟考察团经认真思索,拟定了一份考察报告提供给柬埔寨商务部和柬埔寨丝绸行业促进发展委员会,考察报告包括考察观感、国际丝绸联盟能开展的工作和对柬埔寨丝绸产业发展的策略建议三个方面。

一、考察观感

　　（一）柬埔寨丝绸产品传统经典,富有民族特色,但产业基础薄弱,劳动效率低下

　　考察团共走访了Takeo省丝绸社群、国家丝绸中心和艺术学校

（CNS）、吴哥工匠公司、高棉金丝绸合作社、丝绸之岛，访问了丝绸纺织工、农场主、丝绸协会、丝绸品牌经营商。

茶胶省的Somrong丝绸协会也称丝绸联盟、丝绸社群。在一间简陋的农居中，丝绸协会临时布置了一些具有柬埔寨民族特色的丝绸面料给考察团参观。在隔壁，考察团看到农妇正在极简易的手工织机上织绸。说它极简易，是因为没有任何机械装置，一个木头架子上只有三四片综框和几条踏杆，全靠手脚并用，就能织出复杂的花纹图案来。考察团成员熟知现代中国的提花笼头、纸板纹样、电脑提花，狐疑于一个家庭农妇怎么能靠脑子记住纹样在经纬线中的变化。一再询问之下才得知，一个家庭只织一种图案，经年累月，世代相传，纹样的经纬变化就已然沉淀浸淫在家族的血液中了。考察团成员表示，我们在看的是非物质文化遗产。果不其然，当我们进入茶胶省最大一家作坊时，看到工场内整齐摆列着六台织机，已经形成一个丝织车间模样了。工场主介绍，联合国教科文组织授予他非物质文化遗产传承人称号，并给予项目资助。

柬埔寨丝绸始于13世纪，主要为王室成员提供丝绸用品，最兴盛时期达到年产150吨生丝。但在红色高棉政权时，丝绸产业惨遭摧残，用连根拔起形容也不为过。从1992年开始，柬埔寨想要恢复丝绸业，法国也曾给予项目资助，但终因缺技术、缺设备、缺资金、缺有效的组织领导，很难改变丝绸业现状。商务部部长和国务秘书在讲话中都不避讳地说，柬埔寨丝绸业很渺小，其丝绸企业很衰弱，目前柬埔寨年使用生丝400吨，而本地年产生丝仅2吨，要大量从中国、越南进口。我们之后走访的吴哥工匠公司、高棉金丝绸、丝绸之岛等丝绸社群所有织机都是纯手工的、低效率的，反映了柬埔寨丝绸尚处于产业发展的初始阶段,与现代工业差距甚远。

(二)丝绸社群定制销售和艺术学校、公益、公司经营三结合这两种模式值得学习

考察团在走访中看到,各省各级丝绸协会组织本地区丝绸社群一千台左右简易织机进行生产,这种家庭式作坊最大的好处是使因为带孩子不能离家的农村妇女能够一边照顾家庭一边工作赚钱,据称柬埔寨妇女联合会也发挥了重要作用。丝绸社群的产品全部销给柬埔寨的丝绸品牌商,家庭式作坊的产品都属非遗产品,这称得上是另一种形式的高级定制。

柬埔寨著名丝绸品牌SENTOSA SILK(圣淘沙丝绸)的专卖店就开在柬王宫边上,算是黄金地段。圣淘沙丝绸创建于2004年,创始人Seng Takakneary女士是柬埔寨丝绸发展委员会中的企业代表,是柬埔寨妇女联合会的发起人之一,有六分之一的中国血统,她的外祖父曾把种桑养蚕从中国带到柬埔寨。她除了热爱丝绸,也热衷于帮助妇女就业,维护妇女权益。正是Seng Takaknear女士从六个省的丝绸社群中定制收购富有柬埔寨民族特色的丝绸面料,再加工成各种丝绸制成品。圣淘沙丝绸专卖店中的丝绸商品琳琅满目,其产品质量已得到法国、日本等国家的认证,商品外销到欧洲、日本,也受到柬埔寨王室和社会上流的青睐。由此想到中国的一些农村闲置劳动力问题,这种丝绸社群定制销售模式不妨借鉴学习。

柬埔寨丝绸产业考察第三天,驱车六小时,到达暹粒省,参观考察柬埔寨王子主抓的项目——国家丝绸中心和艺术学校(CNS),这所艺术学校不同于中国年轻人上的艺校,而是国家帮助贫穷青少年和残疾人学一门手艺,使其能够通过劳动自立的慈善机构。柬埔寨的丝绸产业因为是纯手工的,所以成了一门手艺,成为艺术学校教学的主要内容,学校至今已培养了4900多名学生,这些学生学会技术后都进入了吴哥工匠公司劳动,而该公司已形成种桑养蚕、缫丝织绸、染色制衣的全丝绸产业链,年销售额1200万美元,成为柬埔寨最大规模的丝绸企业,公司的盈利又有20%反哺给艺术学校,这种培训学校、公益、公司经营三结合的模式值得全世界学习。

(三)政府的高度重视一定可以转化成产业发展的强劲动力

商务部吴哥窟会议室、巴戎庙会议室,开了整整一天的高规格商务会议,商务部长盘素萨、商务部各副部长、农业部副部长和丝绸行业促进发展委员会董事会成员 Pheanuroth Sisowath 王子殿下、商务部农业部各部门主要负责人悉数参会并讲话,讲话对柬埔寨丝绸产业的历史、现状及已制定的《2016—2020发展规划》进行了详细介绍,希望中国丝绸企业能够深入了解柬埔寨丝绸产业,帮助解决存在的相关困难与问题,促进中柬丝绸产业的发展与合作。

2015年,柬埔寨商务部、农业部合力成立了柬埔寨丝绸行业促进发展委员会,已确立了培育丝绸消费市场、培养专业人才、提高科技水平、加强行业管理四大发展目标。从柬埔寨商务部、农业部那么多高官参加这一整天的商务会议,商务部国务秘书、农业部副部长、王子殿下多天来一直陪同国际丝绸联盟考察团走访各省的丝绸社群及艺术学校,可以看出政府发展丝绸产业的决心之大和用力之深。政府的高度重视必然会成为产业发展的强大动力。

二、国际丝绸联盟能够开展的工作

（一）资讯传播与文化交流

当今世界是互联网的时代，国际丝绸联盟的官方平台世界丝绸网就是为世界丝绸产业的资讯传播与文化交流而存在的。联盟考察团在柬埔寨考察期间，世界丝绸网以《从非遗作坊到国际认证的丝绸品牌商店》《中柬丝绸合作 举办高规格会议》《专业丝绸中心 促进就业扶贫》《高棉金丝村 壮美吴哥窟》《探访丝绸之岛感受王室品质》为题连续五天进行了中英文报道，让世界丝绸人第一时间了解到考察过程和柬埔寨丝绸现状，随后发表的考察报告则建议了柬埔寨丝绸未来发展的方向。

柬埔寨丝绸企业可以把自己公司的网站链接到世界丝绸网，最大限度地推广自己的产品与文化，让世界了解柬埔寨丝绸。柬埔寨政府有关部门也可以在世界丝绸网上寻找相关资讯，为政府决策提供参考和依据。

（二）培训种桑养蚕专业技术人才

柬埔寨的种桑养蚕历史几近中断，专业技术缺乏传承，政府与民间都意识到必须尽快恢复种桑养蚕缫丝技能。国际丝绸联盟可以及时发布中国政府与科研院校组织培训的信息，协助柬埔寨参与培训人员的联系落实。目前，柬埔寨商务部已确定派遣两人参加5月23日由中国蚕研所举办的桑蚕养殖培训班。

国际丝绸联盟也会尽力组织中国种桑养蚕的专家到柬埔寨政府

举办的培训班来传道授业,帮助柬埔寨丝绸发展储备技术人才。湖州农科院已表示愿意整合联盟内的各方资源,参与柬埔寨的种桑养蚕产业。

(三)策划联合建立国际丝绸时尚设计学院

柬埔寨商务部提出想建立一所设计师学校,培养能与时尚接轨的设计师。联盟考察团认为,可以比照暹粒省的国家丝绸中心和艺术学校的模式,高起点策划联合建立一所国际时尚设计学院,可以参考2017年初中国浙江理工大学和杭州余杭区政府联合办杭州国际时尚学院的方式,由政府提供土地、校舍,大学负责师资教学,由企业投资及捐赠开展经营并把部分收益反哺时尚设计学院。目前,考察团中的达利国际集团、湖州绫绢研究所、杭州尼特尔丝绸公司都对此项目表示了浓厚兴趣和合作意愿。

(四)组织参加国际丝绸展,开拓国际市场

国际丝绸联盟的成员单位浙江米奥兰特国际会展股份有限公司负责每年10月在杭州举办的中国国际丝绸博览会和全球十国巡展,每年4月的苏州丝绸展览会也欢迎柬埔寨丝绸企业来参展。联盟还会组织成员单位参加今年6月在越南会安丝绸村举办的国际丝绸论坛及展览,今年11月法国丝绸协会在法国里昂举办的文化经贸展览会,柬埔寨政府和企业都可以择机参加,既走出去了解世界丝绸产业,又开拓柬埔寨丝绸产品的国际市场。

（五）投资合作

国际丝绸联盟是一个为成员单位提供服务的公益平台、交流平台,联盟本身并无资金进行直接投资,但联盟成员中有许多中国丝绸行业的大企业,当这些企业的发展方向与柬埔寨丝绸企业的需求相吻合时,投资合作就会水到渠成。现在双方尚处在初步接触了解的过程中。江苏和苏州的丝绸企业正计划再次组织考察柬埔寨,以促进双方的贸易与合作。

三、对柬埔寨丝绸产业发展的策略建议

（一）丝绸产业发展方向的准确定位

丝绸产业一直在向欠发达地区迁徙,路径为法国—意大利—日本—中国,由于中国近年来成本刚性增长,真丝绸商品出口下降,而印度、土耳其的出口总额已逼近中国,接下来种桑养蚕、缫丝织绸这些产业链前端也一定会向南亚、东南亚转移,所以柬埔寨应该努力在这块蛋糕中切下属于自己的一块。目前柬埔寨丝绸仍停留在纯手工的家庭作坊阶段,进行非遗传承和保护当然需要,但如果一直不变,它永远只是传统的、经典的、小众的,而不能成为一个现代化工业产业,无法为政府和社会创造大量财富。所以柬埔寨丝绸产业的发展方向需要准确定位。不同的产业定位有不同的排兵布阵方式,此乃成败得失的关键。柬埔寨目前的工人薪资尚处于低水平,相比泰国、越南、缅甸都极具竞争力,所以应该选择既保护传统非遗,又快速发展现代化丝绸产业的大方向。我们邀请柬埔寨商务部农业部组成考察团,来中国考

察种桑养蚕、现代丝绸工业、非遗传承等中国丝绸产业现状,以便整体考虑柬埔寨种桑养蚕、传统丝织、传统刺绣和现代工业的劳动力结构,完善柬埔寨丝绸产业发展规划。

(二)争取中国政府的项目支持

柬埔寨与中国有战略伙伴关系,中国国家主席习近平近期刚访问过柬埔寨,中国提倡的"一带一路"倡议也得到越来越多国家的认同和参与。我们建议柬埔寨政府商务部应与中国政府商务部联系,争取"一带一路"项目资金帮助柬埔寨发展丝绸产业,只有有大资金才能解决大问题,才能不失时机地快速发展。如果柬埔寨争取到中国政府的项目资金,国际丝绸联盟可以组织成员单位托管,确保项目圆满完成。

(三)争取联合国教科文组织的项目支持

柬埔寨一直有联合国教科文组织的资助项目,但原来基本是对非遗传承项目的资助,现在还可以申请对传统落后的丝绸产业进行升级改造的资助,这种升级改造将极大地推动柬埔寨的经济发展和社会繁荣,帮助改善人民生活。

(四)柬埔寨政府的政策支持

产业发展也离不开本国政府的支持。考察团已体会到柬埔寨商务部、农业部领导对发展丝绸产业的重视和关注,但在短短几天中,我们确实还未了解到政府的实质性政策支持。我们都经历过中国丝绸产业高歌猛进的过程,例如2005年的东桑西移战略,广西云南等地的桑树苗全部由政府免费提供,这样就很快扩大了广西云南的桑树种植面积,它们承接了东南沿海的种桑养蚕缫丝产业转移;再如杭州市政府2005年提出了弘扬"丝绸之府"战略,每年拨2000万元作为丝绸女装的项目发展资金,杭州很快坐上了中国城市丝绸业的第一把交椅。

(五)招商引资的优惠政策

中国各地的招商引资都是以政府为主导,虽然合资的是企业,但政府都会出台招商引资的优惠政策,包括土地价格、税收减免、水电费优惠等,尽量促成招商引资,政府看到的是就业、产业发展和未来的税收增长。这也是中国招商引资的成功之处。

(六)在发展规划中制定产业升级的定量目标

我们已经知道柬埔寨丝绸行业促进发展委员会制定了2016—2020年的发展规划,这是一个战略性、指导性文件,设立四大目标也很必要。我们只是建议根据柬埔寨丝绸产业发展的定位制订定期定量目标,如工业化发展达到什么水平、多少万亩桑园、多少组自动缫丝机、生产多少吨生丝、多少台升级版织机、年销售额增长率为多少、创新设计面料多少品种等,然后把量化目标分解落实责任人,对责任人进行年度考核,这样就可以扎实推进目标的落实。

(本文发表于《丝绸》杂志和世界丝绸网,并报送中国商务部国家茧丝办)

泰国之行：圆满中留了一丝遗憾

（2018 年）

从 1994 年第一次随公司组团绕道泰国去香港参加厂庆算起，2013、2014、2015 连续三年到泰国孔敬府参加亚洲丝绸论坛，这是我第五次来到泰国，这次是以国际丝绸联盟秘书长的身份专程来曼谷拜访泰国丝绸协会会长，与泰国农业部桑蚕司官员会面并参观泰国皇室孔雀标志丝绸展。

到曼谷那天恰逢周日，所以先安排去了前几次未曾到访过的水上市场。从曼谷驱车一个半小时，就到了喃伦沙律水上市场。以前只在影视作品中见过泰国的水上市场，这次亲自体验了一把。水上市场并不太景气，许多铺面都关门了，或许因为离曼谷太远，或者是小商品并无特色而且价格不菲，还价一般可以还到原价的 60% 左右，水上市场商铺售卖纺织品与工艺品居多，我为孙子选了几件绘有大象图案的 T恤和一只用贝壳镶嵌成大象的瓷盘。全程最有体验感的是在狭窄的河道中与其他小船的"摩肩接踵"和"擦肩而过"以及讨价还价的满足感。

第二天我们拜访了泰国丝绸协会赵苏林会长，苏林会长祖籍中国，会中文，与我们沟通无语言障碍。赵会长虽已 81 岁高龄，但依然思路敏捷，精神矍铄。他非常重视此次拜访，在联盟秘书处抵达之前，曾多次与秘书处邮件沟通讨论议题。上午我们在苏林会长安排的餐馆会面,泰国丝绸协会的几位理事一起参加了会面和午宴。此次座谈,双方就事先交换过的议题展开了充分讨论。苏林会长表示希望今后在丝绸面料方面能够进一步深化与国际的合作。我介绍了国际丝绸联盟的发展情况,并诚恳邀请泰国丝绸协会成为国际丝绸联盟的副主席单位,我还特意从自家藏书中挑选了一册丝绸珍藏版《金刚经》赠送给钟爱中国文化的苏林会长。苏林会长接过《金刚经》,连连致谢说"这太珍贵了",并说担任国际丝绸联盟副主席的事容他与协会成员商议后再答复。

下午苏林会长又陪同我们参观吉姆·汤普森旗舰店。吉姆·汤普森品牌就是泰国丝绸国际化的标杆,众所周知,该品牌是由美国建筑师吉姆·汤普森创立的,"二战"后成功地把泰国丝绸推销到西方市场,振兴了泰国的丝绸业。苏林会长也是该公司的总裁,据了解,他在很年轻的时候便和吉姆·汤普森本人一起工作。公关总监楚缇玛女士为联盟秘书处介绍了旗舰店的详细情况。

该旗舰店是吉姆·汤普森最新开设的,位于曼谷最繁华的顶级购物娱乐中心暹罗百乐宫,由法国建筑师精心设计,店内以绿色为主色调,配有森林里动物的各种音效,令人仿佛置身于大自然中。吉姆·汤普森一直引领泰国乃至世界的丝绸产品设计理念,产品深受各国客户的青睐,实属当之无愧的著名国际丝绸品牌,"泰丝之王"实至名归。在我们参观与交流期间,苏林会长全程站立着,真是不辞辛劳,可敬可佩!如今吉姆·汤普森已是国际著名的丝绸品牌,旗舰店陈列的商品琳琅满目,不仅引领时尚潮流,而且突出绿色低碳的主题,全部商品与旗舰店的陈列设计都由国际设计团队倾力打造,这值得中国丝绸在打造国际著名品牌时认真学习。

8月2日，我们与泰国农业部桑蚕司司长见面会谈，桑蚕司的副司长、办公室主任、规划处长、研发处长等要员悉数与会，双方相谈甚欢，做了良性互动。会后，司长等又陪同我们观赏了时装表演，参观了泰国皇家孔雀标志丝绸展，使我们进一步了解了泰国桑蚕产业，也对泰国官员的热情亲切感触颇深。

泰国丝绸不是经济意义上的产物，而被认为是泰国的一种文化遗产。过去，泰国丝绸生产被限制在较小的地区，生产多集中于泰国东北部，产品主要被当地人消化。后来，在泰国皇室的支持下，泰国丝绸业发展迅速，逐渐扩展到全国各地，产品也进入了国际市场。

泰国农业部桑蚕司设4个分支部门和6个蚕桑产区，每个产区由本区行政中心负责管理。目前，泰国约有8500家蚕桑农户，1000公顷桑园，235类桑树品种，3类蚕种，蚕种由政府统一发放给农民。泰国目前的平均丝价约2000泰铢/千克（折合人民币411元/千克）。

会后，我们在桑蚕司官员的陪同下观看了"时尚东北"泰国东北部传统丝绸服饰时尚秀，走秀模特均为农业合作部工作人员，服装款式由Ubonratchatani University的学生设计。

泰国皇家孔雀标志丝绸展展会面积约1万平方米，约200家企业参展，展馆装饰简单大方，展品多为手工丝绸织造和印染的产品，富有泰国特色。泰国王室和政府还专门为手工泰丝设立了"御赐孔雀"认证标识，以根据手工制作工艺的复杂和精良程度分为"金、银、蓝、绿"四个等级，以提升传统手工泰丝产品的价值和市场认可度。

泰丝是泰国传统工艺和悠久文化的杰出代表，面对当今世界丝绸工业化的冲击，传统泰丝手工业走出了一条传承和创新交织的道路。

此次,联盟秘书处专程与泰国丝绸协会、桑蚕司官员座谈交流,深刻感受到泰国对传统丝绸手工业的精心保护;在参观吉姆·汤普森旗舰店、参加桑蚕司举办的展会、欣赏传统丝绸服饰时尚秀等系列实践活动时,深切感受到泰国丝绸在创新、在崛起。不过,在这次专程赴泰国拜访参观即将圆满结束之际,我还是收到了一个令人遗憾的消息,赵苏林会长致电我说:泰国丝绸协会商议后,决定不出任国际丝绸联盟副主席,理由是泰国丝绸产业还很弱小,除了吉姆·汤普森公司之外,就没有规模大、品牌知名度高的丝绸企业了。对于赵会长的婉拒,我唯有遵从,但不知是出于苏林会长的低调谦逊,还是对国际丝绸联盟的信心不足,这个谜底只能留待时间来揭晓了。

丝绸产业在非洲的发展空间

（2018年9月）

　　非洲，在一般人的认识中是一个炎热、干旱、贫瘠的大陆，加上经济落后、人民生活贫困，所以既不适合种桑养蚕，也缺乏消费群体，丝绸产业在非洲并不具备成长空间。而根据中国纺织品进出口商会官网的统计数据，近三年，尼日利亚、南非、摩洛哥的丝绸进口商品金额都在成倍增长，对此，中国丝绸行业的众多资深专家深表疑惑。为了一探究竟，也为了延续中国丝绸通过古代丝绸之路和海上丝绸之路传播到世界的历史，在新时代"一带一路"倡议和中非合作高歌猛进之时，我与浙江电视台国际频道《锦程东方》摄制组一起赴尼日利亚考察拍摄。

　　尼日利亚地处西非，是非洲人口最多的国家，尼日利亚的黑人族群占非洲黑人总数的20%。拉各斯面向西太平洋，曾经是尼日利亚的首都。拉各斯属海洋性气候，并不常年高温，多数时间比杭州、南昌、重庆等北纬30度线上的城市要凉爽。9月恰逢雨季，今天居然暴雨如注，完全超出了我原先对非洲气候的想象。

　　9月5日，中国（尼日利亚）贸易博览会在拉各斯开幕。来自浙江、江苏、河南、江西、广东的85家厂商参展,我代表国际丝绸联盟在开幕式上致辞剪彩。开幕式结束后,来参观洽谈的客商在展馆门口排起了长长的队伍,等候在电子注册机上登记入场。令人遗憾的是今年的贸易博览会竟没有一家中国的丝绸企业参展,也许是因为去年参展的丝绸企业没接到订单,铩羽而归,造成行业内的寒蝉效应?或者是今年的展期编排中,尼日利亚的展期前后没有与之相连接的其他国家的展会,尼日利亚贸博会成了一个相对孤立的展会,也影响了丝绸企业的参展积极性?展会主办方应给予重视,加以深入细致的研判。

据我在纺织服装展区的观察,杭州萧山区的几家绣品公司洽谈的客商最多,他们吸引客商的特点:一是出样多,花边、机绣、手绣、网格、烫钻等样品色彩斑斓、琳琅满目,挂满整个展位;二是设计新,厂家带来的全是今年新品,也考虑了针对非洲人的穿着风俗;三是价格低,大部分面料的价格区间在2至5美元/米左右。而客商最少停留问津的面料展位则出样少,色彩清淡寡一,缺少设计感。

为了配合浙江电视台国际频道摄制组的拍摄,我带了几件2017春夏中国丝绸流行趋势发布时的走秀服装,摄制组聘请了三位黑人姑娘穿上了这几件丝绸服装在展馆内走动,特别是在开幕式背景板前的舞动,着实吸引了客商的眼球,掀起一阵小小涟漪。丝绸的柔软飘逸使客商们爱不释手,一定要询问哪儿可以买到,久久不肯离去。

展会期间,我与尼日利亚时尚设计协会会长也进行了商谈,她表示:尼日利亚现在是穷人很穷,富人很富,高消费群体的市场摆在那里。如果中国丝绸要进入尼日利亚,可以用中国的丝绸面料请尼日利亚的时尚设计师设计尼日利亚人喜欢的款式走一场时尚秀,她可以组织有实力的买家来观摩下单。

世界丝绸篇

6日上午,我和摄制组又一起去了Balogun Market。市场位于市中心,与CBD中央商务区仅一墙之隔。这是一个以面料、服装为主的家居用品市场,市场延绵几条街,规模之大、贸易之繁忙均超乎想象。市场内车流人流川流不息,喇叭声叫喊声不绝于耳,商品之丰富,花式之多样也令我目不暇接,虽然整个市场嘈杂混沌,但我能真实感受到市场经济的蓬勃脉动和巨大的市场需求。

我仔细看了摸了一些仿真丝印花面料,从印染技术和图案花型判断,我相信这些面料来自中国,也似乎领悟到了尼日利亚丝绸进口成倍增长的奥秘所在。应该是中国的一些贸易公司利用了中国对丝绸定义的宽泛,将仿真丝面料也作为丝绸商品出口,海关查验时不能判定其为违规,所以才会造成中国向尼日利亚等非洲国家出口丝绸成倍增长的现状。

《锦程东方》摄制组于中非合作论坛期间,在北京跟随拍摄了在非洲成功打拼的中国商人何烈辉先生。何先生是浙江诸暨人,十年前在香港结识了尼日利亚拉各斯人MacDon先生,两人开始合伙将中国的各种面料卖到非洲,从走街串巷到下乡推销,生意越做越大,足迹遍布了非洲大地,何烈辉先生现在成为多国领导的座上宾,已在参与建设吉布提经济特区。中非合作论坛召开前,何先生在北京拜访了尼日利亚、纳米比亚、肯尼亚、埃塞俄比亚等国总统、总理、国家银行行长等众多高官,论坛结束后又陪同中国一些省市领导赴非考察。《锦程东方》摄制组这次也到了何烈辉先生在拉各斯Balogun Market的办公室采访其合伙人MacDon先生,亲眼见证了这个繁忙嘈杂、混乱不堪的面料市场孕育出的商贾传奇。成功既有赖于何先生的睿智和胆魄,也凭借着非洲市场的庞大需求。

离开尼日利亚拉各斯后,我们转道东非国家肯尼亚的首都内罗毕。国际纺织联盟年会正在内罗毕凯宾斯基酒店召开,中国纺织工业联合会孙瑞哲会长接受了《锦程东方》摄制组的采访。热情的孙会长侃侃而谈:从郑和下西洋经肯尼亚港口蒙巴萨到好望角,中国丝绸早已到了非洲。中国丝绸作为中国文化的载体让非洲人认识了中国,了解了中国文化。今天,中国丝绸也一定会让越来越多的非洲人喜欢。摄制组还进入国际纺织联盟年会会场进行了拍摄。茶歇时,孙会长与我一起与国际纺织联盟的南非籍前任主席做了交流。

　　下午,我与摄制组跟随国际纺织联盟年会的与会代表一起参观了肯尼亚内罗毕国家公园,这个119平方公里的野生动物园紧邻内罗毕市区。晚上又一起观摩了由30位内罗毕服装设计师打造的时装秀,领略了非洲人的时尚潮流与爱美之心,感知到中国丝绸在非洲的市场潜力。

　　最后要讲述的是一件正在发生的对中国丝绸产业乃至世界丝绸产业影响深远的大事,我斗胆称之为丝绸行业内划时代的壮举。8月27日,中非合作论坛前夕,中国广东丝纺集团与肯尼亚政府签署了战略合作协议,广东丝纺集团投资10亿元,在肯尼亚10万公顷土地上发展种桑养蚕丝绸产业,可以为肯尼亚提供30万农民的就业岗位,为肯尼亚创造10亿美元的外汇收入。中非合作论坛刚闭幕,广东丝纺集团即召开公司高层与科技专家会议部署落实这一战略合作协议,9月10日,广东丝纺集团组成的考察团奔赴肯尼亚做实地调研。行动之迅速既表明了决心之坚定,也透示出对达成目标的自信。广东丝纺集团是国际丝绸联盟的副主席单位,我自然对他们这一霸气的壮举钦佩不已,也联系了一位相熟的高管,希望在肯尼亚见上一面,但得到的回复是:我们这次行程安排得像打仗一样,只能擦肩而过了。但他也答应了会与我分享考察内容。

根据我对尼日利亚与肯尼亚自然气候、社会经济和面料市场的考察分析,得出以下初步结论:第一,非洲很多地区是适合种桑养蚕的,这也许正是世界丝绸产业最后一块待开发的大陆;第二,非洲人口多,年轻人也多,经济发展相对落后,人口红利还有待释放。而发展丝绸产业门槛低、见效快,是非洲国家政府提供就业、发展经济的优选途径;第三,中国真丝绸制品要进军非洲市场,必须下功夫研究非洲高端人群的习俗喜好,开发具有针对性的新产品、新工艺;第四,中国丝绸企业到非洲发展丝绸产业,也会遇到沟通障碍、宗教信仰、族群矛盾、官僚主义等种种困难,但一定不要遇挫就折、浅尝辄止,否则就会见不到成功的果实。

总之,非洲大地充满商机,非洲即将加速发展,非洲的气候适宜蚕桑,丝绸产业在非洲有巨大的发展空间,关键在于发现机会、抓住机会、快速行动、朝目标奋力前行。

(本文发表于《华非时报》及《钱塘江文化》)

携手发展：世界丝绸需要共同努力

（2018年）

我参加过多次国际丝绸会议，每次都能听到丝价问题、质量问题，我们相信提出问题的同行都想听到回应，都想能解决问题，如果每次讲了都得不到回应，周而复始，就会变得无趣，所以我想做些回应，虽然这些问题很难回答，但我还是想冒下险，努力在轻松的氛围中谈些严肃的、敏感的话题，如有讲得不对，是我个人的责任。

与会发言代表从各国丝绸产业不同的发展现状，提出发展中的问题，探讨解决的路径和方法。丝绸产业往何处去？这是世界丝绸人共同关心的重要命题。虽然困难重重，但发言代表们都对未来充满希望，都认为挑战与机遇共存，都在积极采取对策。在严峻的经济形势面前，意大利丝绸业今年1—7月的国际贸易进出口额增长了10%以上，进口11.12亿美元，出口22.26亿美元；中国丝绸业正在积极推进养蚕产业化、缫丝智能化等重大科研项目；越南、柬埔寨丝绸业正在夯实产业基础，寻求实现产业升级；巴西也改造升级了桑蚕生产设备。这些现状都让我们感到欣喜。丝绸已有5000多年历史，丝绸顽强的生命力超乎我们的想象，我们完全可以对丝绸的未来充满信心。

世界丝绸篇

目前,最引人焦虑的现状是丝价的波动与生丝质量的下降。我完全同意瑞士代表提出的"丝价动荡降低消费"的观点,日本代表在发言中也不约而同提到了相同的观点,相信这也是大家的共识,我也曾写过《丝价决定产业存亡》的文章。日本代表提出的"由中国主导成立丝绸出口国组织(OSEC)来稳定生丝价格"的建议,也反映了各国对稳定丝价的迫切需求,意大利丝绸协会会长着重强调生丝质量的重要性,认为"迫切需要用一些非常精准的政策来保护丝绸和丝绸经营者"。这些要求都是对的,都是客户对供应商的要求,也可以说是丝绸消费国对丝绸生产国的要求。因为在联盟大家庭内部,可以说,大家提要求的态度都是友好的、温和的。

由于中国的生丝产量占世界生丝产量的80%左右,所以这些要求应该也是针对中国提出的,认为中国丝绸理应承担这些责任。不过,我站在联盟秘书长的立场,也要公正公平地说一句:"中国丝绸在努力,世界丝绸需要共同努力"。

举例来说,中国浙江理工大学正致力于与巴贝丝绸公司共同研发"全龄人工饲料工厂化养蚕建设项目",也在致力于自动缫丝机的数字化、短流程化、智能化升级;广东丝纺集团已与肯尼亚政府达成了"投资10亿元,建设10万公顷蚕桑基地,帮助30万人就业,创造10亿美元出口"的重大投资项目合作意向。这些项目的每一点成功都能改变丝绸产业的现状,但必须假以时日,所以这些努力都只是远期的利好。

那么,当下应该怎么办?大家知道,丝绸产业在中国已是完全放开的市场经济,中国政府已不可能制定政策去限制价格的波动,中国商务部茧丝办已设立储备丝基金,在去年丝价暴涨时也曾放出储备丝,想遏制丝价,但没有成功。事实上,中国丝价从2017年上涨30%以上,到2018年又下跌了20%以上,就是市场经济这只无形的手在掌控。这里也许有网上虚拟价格起的作用,我也怀疑过是否有资本的炒作,但没有证据可以说明这一点。所以还是凯喜雅吴金根总裁分析的原因,涨价主要是中国国内市场需求激增起的作用,今年需求下降了,丝价就跌了,实质上是市场经济中供应与需求在引起丝价的波动。在经济规律面前,政府的力量、协会的力量、联盟的力量都是无法战胜的。世界原油价格、澳大利亚铁矿石价格、美国大豆价格都逃不脱这一定律。

但我们就束手无策吗? 也不是。丝绸行业的容量毕竟不大,欧洲与日本需要的价格稳定和质量保证在一定范围内还是可以实现的,当然这就需要供需双方的共同努力。欧洲需要的高品质生丝,一年也就1200吨左右,今年意大利1—7月共进口生丝289吨,全年也不会超过600吨。中国生产的高品质生丝总量远高于需求。昨天,听张国鑫总经理讲,他在苏州工厂生产的加捻丝质量达标,既可以出口日本,又可以出口欧洲,中国也还有不少产品可以出口欧洲或日本的质量上乘的丝厂,那么就可以在供需企业间建立稳固的价格联盟或者合资企业,在每年初签订预定全年价格和商检高质量等级的数量订单,双方要共担风险,要信守承诺。要这样做很难,但如果真正这样做了,那么价格不稳定、质量不稳定等问题就可以消弭于无形。

国际丝绸联盟的宗旨是"交流合作,携手发展",联盟是一个服务性的公益平台,联盟第一届的工作经费是靠凯喜雅集团、达利集团、杭州丝绸文化与品牌研究中心三家单位捐赠的。所以,联盟有些工作可为,有些工作不可为不能为,因为力不能及。如这次联盟和巴西合作做的调研项目花了1万美元,这可以做,但如果要花10万美元,就根本不可能做。这要请成员单位理解和谅解,联盟成立3年来,促进交流是第一位的工作,去年召开的"丝绸产业可持续发展研讨会",今年召开的"丝绸产业发展新趋势交流研讨会"都是很好的交流方式。我想,第二届联盟理事会的工作重点可能应转移到合作,如联盟内五个专业委员会的合作、成员单位与成员单位之间的合作、企业与企业之间的合作,大量合作项目的落地、开花与结果,就一定可以推动世界丝绸产业携手发展。

（本文系2018年"丝绸产业发展新趋势交流研讨会"主题演讲讲稿,原题为《中国丝绸在努力,世界丝绸需要共同努力》）

外篇　我的丝绸记忆

理想主义与机遇的完美结合

——我的丝绸奋斗史

（2013年）

于我而言，投身于丝绸行业是一种机缘巧合但也是命中注定，这是一种宿命。

我的曾祖父就是在湖州老家种桑养蚕的，我祖父开过一个小的织绸厂，我父亲开始做绸缎的生意，但到中华人民共和国成立公私合营以后都中断掉了。后来我父亲在杭州一个绸厂里做会计，我则下乡去了黑龙江整整八年，然后从黑龙江生产建设兵团调到了浙江生产建设兵团，随后就进入杭州西湖绸厂，从做机修工开始，随后慢慢学习管理企业，一步步就这样机缘巧合地接触了丝绸行业。

然而当时我自己并不想在企业里发展，而是想写写文章，成为一个作家。我从杭大毕业后，本来已经定下去浙江省文化厅下属的省广播电台做一名文艺部的小编辑，但是真正是命中注定，工厂一定要让我回去，就这样一直走到了现在。

这样的人生轨迹不是我原先设想的，但是也是我自己的选择，这就是我和丝绸剪不断的缘分吧。

20世纪80年代，西湖绸厂是杭州市国有丝绸企业里面规模最小的一家，也是经济效益最差的一家。1989年我担任厂长，进行了企业内部全方位配套改革，1993年和香港达利集团建立了合作关系，从此工厂状况也得到了改善。

1993年1月我们西湖绸厂拿一个织造车间跟香港达利集团一起成立了一个合资公司，在随后两年当中又连续组建了四家合资公司，到1996年的时候已经和达利全面合资。

这次机遇对双方都是摸着石头过河的一种尝试。达利集团是当时国际最大的丝绸企业，在香港、广州、深圳都有工厂，慢慢它就往内地发展。来到杭州，达利也和很多丝绸企业有过贸易关系，但最终选择了和我们合资。第一家合资企业只有120万美元的注册资本，然而到2000年它就收购了我们中方的股份独资了，此时的注册资本已经达到了1亿美元，和达利集团的关系就是这样逐步地建立起来、紧密起来的。

我们和达利制定了一个远大的目标，就是建立一个世界一流的丝绸企业。如今在萧山我们有了一个新的厂区，设想是我借着杭州市委的"弘扬丝绸之府，打造女装之都"座谈会的契机提出来的。我一直坚信我们有条件建立一个世界一流的丝绸女装产业基地，这个提案得到了市委、市政府和香港达利集团董事会的大力支持。2006年4月20日奠基，2007年的10月1日就搬入这个新厂区，2008年5月我们在这个厂区举办了杭州市生活品质总点评活动，杭州市四套领导班子，200名专家、学者看了都说超乎想象，媒体称之为"中国最美厂区"。

在2008年的金融危机之后，我们公司里就实行了一个降低成本的特别行动，以此来面对这些困难。

金融危机让整个丝绸行业都遭受了很大的挫折。在这样的困境中，我们达利集团仍然在艰难中一步步走来，杀出一条血路。在2010年到2011年丝绸行业竞争排名中，达利(中国)仅次于广东纺织丝绸集团，排在第二位。如今达利的年销售额还是在10亿左右。相对于其他企业，达利没有做其他产业，而只是做丝绸。做丝绸服装就能够达到10亿的销售额，在中国丝绸企业里，丝绸服装的出口几乎年年都是第一。达利集团一年的服装出口数在1000万件以上。

国外的一些大的品牌公司喜欢与达利合作也是有原因的，因为我们的制造工艺、质量管理，都是占据领先地位的，在丝绸印染这一方面尤为明显。我们还花巨资引进了具有国际先进水平的德国制造和意大利制造的后整理设备。

人才和物料一样是企业发展必不可少的关键因素，因此，我们曾经从意大利请了8个印染方面的专家。在我们这里是专家，在他们那边实际上就是真正在生产线上工作的技术人员。当时达利的老板也是非常有魄力的，技术方面的、行政方面的管理全部交给意大利专家，最后连印染中心的CEO也是用意大利人。用了3年，在这期间，我们的操作工人也逐渐掌握了这些技巧，能够做到和他们不相上下，他们能做的我们的工人也可以，我们能够完成的他们则未必能够做到，最终意大利人回去了，我们的技术得到了提升。在质量有了提升的情况下，国外一些大公司必然选择了我们公司。虽然在美国金融危机、欧债危机这样的背景下整个需求有所减少，但我们企业的减少量不是很多，在这样艰难的环境下，我们不断地寻找希望。

早在2001年"9·11"事件后，我们公司就遭遇了一次巨大的挫折与打击。"9·11"事件发生以后，订单一下子少了很多，因为很多客户都在世贸大楼里,突然就都断掉了,这些公司都没有了,客户当然没有了。公司在2002年的上半年面临亏损,这么大的公司,5000多个员工,一个月的工资就要1000多万元,订单没有了怎么办?这样的打击对我们而言是十分严重的。

而2008年的美国金融危机对我们的冲击不仅仅反映在订单的多少方面,还包括汇率的变化,还有最近一两年的劳动力成本上升、经济大幅波动等一系列问题。因此,在2008年的金融危机之后,我们公司就实行了一个降低成本的特别行动,以此来面对这些困难。

当时我给自己企业定了一个目标,一年中要降低4436万元成本,最终这个目标分解到每个中心,每个中心再制定目标,一层一层落实到位,主要从质量成本的下降、从能源消耗的下降、从工资总额的控制这三方面去节省成本。就当时而言,这是一个困难的目标,我已经做好达不成目标不拿工资的准备,然而在我们共同努力下,2009年11月这个目标竟然实现了。这是怎样一个数据呢?2008年我们企业实现的利润就是4000多万元,我们要节省下来的相当于去年的利润,2009年底实现的利润是5000万元,如果没有节省这些成本的话,可能就只有几百万元利润,可见这个数字的庞大。

回顾达利(中国)一步步从小到大的成长,这一步一步走下来实属不易,而我也伴着它经历了这些变化,说起这些,就好像回顾自己的一生一般。从最初的西湖绸厂到如今的达利(中国),这也是我的一部奋斗史,里面包含了我的青春、我的热血,还有我的理想。而这么多年下来,我的原则一直没变,始终贯穿着我的每一次抉择与行动。

从最初我在厂里当机修工,到车间统计,到厂里的工会干事,当我去杭大读了两年书回来后成为党委副书记,我心中就给自己下了一个目标,那就是我要当厂长,而有这样的想法则是因为我看到工厂濒临破产,我觉得有责任也有信心把这个厂推向好的方向。

1989年初,我因为病毒性心肌炎住院疗养,在住院时我起草了几万字的西湖绸厂全方位配套改革方案。5月,市丝绸公司就任命我当这个厂长。我的改革方案中充满了理想主义的色彩,我希望通过改革改善人的生存环境,提高员工的物质生活水平和文化生活水平,要让员工各得其所、各得其利,使每个人都有奔头,要在企业内部建立一种民主、平等、宽松、和谐的企业氛围。我还在方案中提出应该强化经济职能,弱化社会职能,这些在当时是没有人敢提的,但这是我的期望与理想,而且后来的每一步也都是按照这样的理念去执行的,一点点地完成这个目标。

我的事业与办事风格就是按照这个理念来实践的,我带着这种理想主义的色彩,按着自己的蓝图一步步走,一步步实现了最初的梦想。回顾过去,我感到欣慰而满足,当时自己做的规划,设立的愿景,基本上已经达到了。

之后的这些年,这个理想主义的指导思想一直贯穿着我的事业,很多时候我都会考虑我们企业的文化,一般企业都是讲客户第一,讲究客户的满意度,而我看重员工的满意度。每年我会让企业人力资源部安排员工来打分,刚开始两年是客户满意度要打分的,后来把员工满意度也纳入其中,甚至员工满意度比客户满意度更为重要。因为只有员工满意了才能做到客户满意,员工不满意,做出来的产品质量不会好、成本不会低,所以要尽量地做到让员工满意。这个确实也是我一直以来想做的事情。

我认为杭州丝绸发展得非常好,中国的丝绸销售量占全世界的

159

80%，浙江省占中国的40%，杭州在浙江省要占到50%左右，这样看，我们杭州丝绸在全球丝绸贸易当中，已经占到20%左右。

中国丝绸商品出口最多的企业是杭州的，中国丝绸服装出口第一企业也是杭州的，丝绸产品的品牌也是杭州最多，丝绸类的中国名牌也是杭州最多，杭州丝绸在世界丝绸产业当中的地位以及影响力都是空前的。然而这些数据行业之外的人很少知道，很多人都认为如今丝绸企业处在一个非常困难的时期，除了劳动力、出口，还有汇率这些和其他行业相同的困难之外，因为丝绸这个产业战线比较长，它是从农业开始，农工商贸实际上是占全的，在产业链每一个环节大家都有利益的诉求，所以显得波动会特别大一些。

我之前到意大利去的时候也向他们介绍了现在中国丝绸产业当中的缫丝企业，今年上半年基本上是亏损的。我说，这是个波动的结果，是跟茧价的波动、丝价的波动相关联的，只要能挺过去，明年可能就好了。很多企业觉得光做缫丝可能会亏损，光做织绸也可能会亏损，那么就开始做产业链，反正整个产业链当中总有地方在赚钱的，这也是中国丝绸产业发展的一个方向。

实际上我在2011年就已经在呼吁丝绸行业里面要搞联合重组，把很多小的企业联合成大企业，联合成一个完整的产业链，这样生存的空间会更大，价格波动会更小。丝绸产业在我们国家已经有五千年的历史了，在兵荒马乱的年代都过来了，现在有什么理由会倒掉？现在人们的生活水平也在提高，市场的容量越来越大，它一定是有很广阔的发展空间的，这个就是我对丝绸行业的看法。

之前我说过最初我有可能去做一名编辑，我的确也喜欢用文字记录一些东西。我出过两本书，这两本实录不是为了出书所写，而是将平时在企业里面写的材料汇编成的《管理变革实录》。十年过去了,我把其间获得的一些经验与大家分享,企业里的工作报告、改革文案都是由我自己起稿的。

做慈善则是和企业有关,因为达利(中国)本身也是一个非常愿意做慈善的企业。在汶川地震中,我们第一时间做出捐款500万的决定,省政府也给了我们一个特别奖,还有每年的"春风行动"。达利(中国)每年捐赠额保持着100万元。2011年的时候省里还给我一个"浙江省个人慈善奖"。

这些举动花不了我们多长时间,只要心里想然后做就可以。我们最远是在新疆和田,捐30万元建了一所希望小学。我们跟这些希望小学保持长期的关系,不光是建一个校舍,以后这所学校里的图书馆、运动场所或者是食堂,我们都还愿意再继续捐,还可以设立给成绩好的学生的奖学金。

如今我大部分的时间是在丝绸协会工作,我希望通过丝绸协会这样一个平台,对整个丝绸行业的发展起到一些作用。

从2012年开始,我又担任了杭州丝绸文化与品牌研究中心的理事长,这个也是要投入一部分精力的,因为这个是市委政研室主管的一个部门。比如说今年我们在推动中国丝绸流行趋势的研发项目,投中标以后需要整合很多社会资源,像中国美术学院、浙江理工大学、凯喜雅、金富春、达利,还有《丝绸》杂志社、杭州电视台、杭州职业技术学院的达利女装学院,需要将这么多的单位企业整合在一起来做这个丝绸流行趋势的发布,需要花大量时间去协调。

从年龄上来说,我觉得自己应该慢慢退出社会舞台了,毕竟我已经62岁了,应该要让更年轻的人担任协会会长这个岗位,我也准备在这一届任期满了之后，就不再连任了。这种社会团体原则上都是连任两届，我觉得既然有这样的一个原则，我应该带头做两届，以后就让比我更年轻的人来闯荡一番，他们的思路更开阔、更时尚。

我与丝绸结缘一生，这一丝钩住了我的青春，也为我编织了最美的人生画卷，如今我也将优雅地退场，将这片繁花似锦的天地交给年轻人去闯荡，去开辟另一条"丝绸之路"。

（本文收录于《桑下记忆：纺织丝绸老人口述》，浙江大学出版社2020年版，原题为《理想主义与机遇的完美结合》）

丝绸人生，永不止息

——成为中意丝绸合作交流的使者

（2019年）

丝绸是中国从古至今能始终在国际贸易中处于主导地位的产品，可以说是中国的一个符号、一个标识。当下，越来越多的国人也想通过研究丝绸经济与丝绸文化，来探寻富民强国之路。

事实上，早在2010年底，我已离开了为之努力奋斗了30余年的丝绸企业，但我怀揣着新的梦想，愿能以自己的绵薄之力，为中国丝绸的振兴做出新的贡献。

一、与丝绸的不解之缘

我的曾祖父在湖州老家是种桑养蚕的，到了我爷爷，就开了一个小的绸厂，而到我父亲这一辈，已经在做绸缎的生意，在济南、北京开了两个店。很多人会觉得，我出身于这样一个"丝绸世家"，做丝绸就是一种宿命，是一种家业传承。其实，真的只是阴差阳错罢了。

17岁时，我离开家乡去了黑龙江当知青，从黑龙江生产建设兵团调回浙江生产建设兵团时,已经25岁了。而当时的体制下,杭州西湖绸厂恰好是浙江生产建设兵团办的,所以转了一大圈之后,我还是吃上了"丝绸"这碗饭。

建成于1979年的杭州西湖绸厂就是后来的达利(中国)有限公司的前身。1984年10月,十二届三中全会通过了《中共中央关于经济体制改革的决定》,指出改革的基本任务是从根本上改变束缚生产力发展的经济体制,以城市为重点的整个经济体制改革的步伐加快。但1989年的西湖绸厂,还是当时杭州丝绸系统中规模最小、效益最差的企业。厂里的状况,引用当时的说法,叫作"先天不足,后天不补,病入膏肓,濒于崩溃"。企业产品大量积压,管理混乱,厂内机构臃肿,人心涣散。600多名职工中,竟然有100多人闹着要调离。大家都在寻找出路。

1989年5月,我接受了带领全厂职工进行改革的重任,就企业内部用工制度、分配制度等进行全方位配套改革:打破工人、干部界限,中层干部和管理人员实行全厂公开招聘;打破原固定工资模式,实行厂内五级工资制,真正体现"干什么活拿什么工资,多劳多得,少劳少得,技高多得,艺低少得"的原则;把择业权还给职工,厂内定员定岗,双向选择,并打开工厂大门,允许职工自由选择。

良好的利益激励机制,使绸厂初步形成了"岗位靠竞争,收入靠贡献"的新风尚。企业止住滑坡,当年实现利润30万元。改革解决了企业的生存危机,使企业从根本上摆脱了落后面貌。

可以说,西湖绸厂开了杭州企业改革的先河。1992年至1993年,公司更名为"杭州西湖丝绸工业公司",并实行"一厂多制"的改革。企业在可能的范围内尝试进行国有企业产权制度改革,通过联办、合资等多种所有制并存的形式,使企业发展壮大。"一厂多制"还被浙江省、杭州市体改委称为"搞活国有资产的一剂良方"。1994年初,政府开始酝酿现代企业制度,公司顺利成为试点单位。

G20杭州峰会期间,达利打造了一份极具底蕴的诚意礼作,运用中国国画的写意、工笔、素描等不同画风,通过6个月的不断尝试、调整、研发,把丝绸与国画这两种中国元素相互融合。事实上,这些年,我们从未停下脚步。我们不断完善技术、不断创新产品、全面整合产业链资源、融合智能制造,一直在做改革的先行者。我与丝绸,也就是在这样的改革进程中,结下了不解之缘。

二、中意丝绸交流合作的使者

2018年12月,我受邀前往意大利科莫参加"沃尔塔灯光照亮丝绸"活动并在研讨会上发言。那是我第九次去意大利,第八次去科莫了。我非常喜爱科莫湖,也推崇意大利丝绸,在十余年间,在科莫也结交了很多朋友。实际上,我已成为杭州丝绸与科莫丝绸、中国丝绸与意大利丝绸之间交流合作的使者。

2006年,美国《时代周刊》曾称:"中国丝绸产量最多,品质却不再称霸。"每一位中国丝绸人,都会被这一结论刺痛,我们顿时感到有责任重拾中国丝绸昔日的荣光。于是达利集团派人在意大利各丝绸企业寻觅顶尖的印染技术人才。经过几个月的寻访、沟通、洽谈,终于花重金引进了8位意大利丝绸专家到杭州帮助提升达利公司的丝绸印染技术。

前几年,在拉蒂公司,我又见到了久违的Daniele Pachera先生,他现在是拉蒂公司的产品总监,掌管着拉蒂公司丝绸织造、印染的全部生产过程。正是这位 Pachera 先生,曾经率领着 7 位意大利印染技术人员,用几年的时间帮助中国丝绸的印染后整理水平追赶意大利。

我曾在世界丝绸网发表《五个世纪的丝绸情缘》,介绍了美丽的科莫湖和科莫的两个丝绸博物馆,也赞叹了杭州与科莫这两个因丝绸而结缘的独特城市。杭州市城市品牌办公室自媒体"杭州体验"以《跨越世纪的丝绸情缘》一文对此事进行了转载。

2017 年 5 月,我陪同中国中央电视台中文国际频道《城市 1 对 1》栏目到科莫进行拍摄,随后中文国际频道以《丝绸之都:中国杭州—意大利科莫》为题制作了电视专题片,除了宣传杭州与科莫的丝绸,也宣传了杭州与科莫的美景美食和文化艺术,科莫则通过中国中央电视台向全世界做了城市的宣传推广。

去年,《钱塘江文化》杂志以《杭州与科莫:以丝绸的名义握手》发表了我的署名文章;今年 5 月,浙江电视台国际频道,邀请我参与策划的三集大型人文电视纪录片《锦程东方》,节目组又到科莫进行拍摄……

历史上,中国是丝绸之路的起点,而意大利是丝绸之路的终点,中意丝绸友谊源远流长;今天,杭州与科莫仍然是世界丝绸行业里无可替代的两大中心城市,丝绸传承的历史责任,责无旁贷地落在我们这两座城市的肩上。

杭州与科莫的携手合作对世界丝绸持续健康发展意义重大。而我也会继续加油,进一步推动中意丝绸交流合作。

三、丝绸之美 美美与共

当杭州与科莫成为世界上最重要的两个丝绸城市后,为了推动世界丝绸产业健康发展,杭州丝绸行业协会与意大利丝绸协会开始商议如何搭建一个世界丝绸交流合作的平台。

2012年，我代表杭州丝绸协会与意大利丝绸协会签订了《中国杭州·意大利科莫丝绸促进联盟合作协议》，协议的第一个目标任务是恢复建立世界丝绸协会，因原有的世界丝绸协会已停止活动多年，意大利丝绸协会重新起草了章程，注明把秘书处设在杭州，就邀请我去瑞士苏黎世参加欧洲丝绸论坛。我和达利、万事利、凯喜雅、金富春、丝绸之路五家企业代表一起去了苏黎世，结果在欧洲丝绸论坛上，法国丝绸协会不同意把世界丝绸协会秘书处设在杭州，致使这次努力胎死腹中。

但我始终希望能在杭州建立世界丝绸组织，使杭州丝绸能够成为世界丝绸的标杆和旗手。到了2015年，我随时任杭州市委副秘书长的胡征宇去欧洲考察，又专程拜访了意大利丝绸协会会长，提议组建国际丝绸联盟。得到了意大利丝绸协会的支持后，回到杭州，胡征宇副秘书长即召集凯喜雅丝绸集团的董事长李继林、总裁吴金根商议组建国际丝绸联盟。经过5个月筹备，同年10月，由凯喜雅牵头的国际丝绸联盟正式成立。

目前，国际丝绸联盟已有17个国家和地区的115家丝绸企业和组织成为成员单位，意大利丝绸协会、法国丝绸协会、越南蚕桑协会、柬埔寨丝绸行业促进发展委员会、巴西丝绸协会整体加入联盟，早先不同意将秘书处设在杭州的法国丝绸协会也主动申请加入了联盟。我想这真正体现了中国丝绸和杭州丝绸地位的提升。

国际丝绸联盟成立后开展了大量交流工作，获得了所有成员单位的认可。2017年的成员大会上，我起草的"世界丝绸杭州共识"获得通过，这使世界丝绸产业有了更加清晰的努力方向。

2018年初,浙江电视台国际频道准备拍摄以丝绸为主题的大型人文电视纪录片,制片人和导演找我一壶清茶论丝绸,一聊起来大家都兴奋不已,他们感觉挖到了一个"宝藏",由此机缘,我成了《锦程东方》电视纪录片的顾问,我所在的杭州丝绸文化与品牌研究中心成了纪录片的协作单位。

我认为,《锦程东方》的立意与精髓便是"丝绸之美,美美与共"的情怀。在丝绸产业里,没有国界之分,没有地缘政治的争斗,有的只是对丝绸之美的欣赏赞美,共同努力去创造创新丝绸之美,相互传播丝绸之美,实在是处处充溢着"美美与共,天下大同"的情怀与格局。

倘若我们把对丝绸之美的认识升华到精神之美和情怀之美,倘若世间各行各业都能理解和学习丝绸的精神之美和情怀之美,做到"各美其美、美人之美、美美与共",那世界就一定会更和谐与美好。

我从事了一辈子丝绸工作,有着深厚的丝绸情结,而最令我感到欣慰的是,在有生之年,我发起并促成了国际丝绸联盟,并起草了"世界丝绸杭州共识",以及领悟到了"丝绸之美,美美与共"的情怀。

我庆幸自己一辈子都在从事一项美丽的事业,我祝愿这一美丽的产业永远美丽,永放光彩!

(本文发表于《杭州》杂志2019年第10期,原题为《杭州的丝绸,世界的丝绸》)

2019，我的人生转折年

（2019年12月）

2019年，对我而言，是难忘的一年，充实的一年，转折的一年，这里记下这一年的踪迹，借以感悟这一生的经历。

一、旅行的踪迹

2019年，我与妻环游海南岛，在棋子湾、东方市、博鳌避寒，还徜徉在加勒比海，光顾迈阿密、巴哈马和墨西哥；随电视台摄制组探秘塔克拉玛干沙漠的尼雅遗址，涉足喀什、喀纳斯；与兄弟姐妹同游日本大阪、鹿儿岛；与龙江战友重回第二故里黑龙江铁力石灰窑，游历五大连池、黑河、塔河、漠河、根河、阿龙山，以及大兴安岭和小兴安岭，游走过内蒙古的室韦口岸、满洲里口岸、呼伦贝尔草原、阿尔山及科尔沁草原，赴天津、北京知青的半个世纪之约；父子同游塞尔维亚和塞浦路斯；临近年底，祖孙三代还同游了埃及卢克索、洪加达、开罗、亚力山大和吉萨。这一年，我的足迹遍布祖国大地，从南边的天涯海角，到北方的北极村；从西北边陲的商贸重镇到西南腹地的丝绸古都；从北京、天津、上海、重庆四个直辖市，到广州、成都、哈尔滨、乌鲁木齐、昆明等省会城市和博鳌、东方、青岛等海滨城市；这一年，我的足迹还抵达了美洲、东南亚、欧洲、非洲，并游弋于南海、加勒比海、东海、黄海、地中海和红海,还登上了五岳之中的东岳泰山与南岳衡山。据不完全统计,2019年我的飞行里程超10万公里,超过了世界上99.5%的旅行者,如加上铁路公路行程的逾万公里及邮轮航海近万海里,相当于绕地球4圈以上。

二、工作的痕迹

2019年初,我主动卸任了杭州丝绸文化与品牌研究中心法人代表。3月,和浙江电视台国际频道共同发起为《锦程东方》电视纪录片撰写评论活动。4月,与中心同事去苏州参加丝博会。我撰写的《巴尔干半岛的战争记忆》在《杭商》杂志发表。5月,走访国内成都、南充、重庆的国际丝绸联盟成员单位。6月,随浙江电视台国际频道《锦程东方》摄制组赴新疆和田拍摄尼雅遗址,并决定联合出版《锦程东方》纪念册。7月,卸任杭州城市品牌联盟轮值主席。8月,率联盟成员单位40余人参加越南会安国际丝绸节,与柬埔寨商务部举行会谈。9月,代表联盟参加南充市举办的中国西部丝绸博览会和中国桑茶产业发展大会。10月,我在塞尔维亚撰写的《再探巴尔干半岛的战争记忆》在西非《华文报》发表;采写我的报道《杭州的丝绸,世界的丝绸》在《杭州》杂志发表;去青岛联盟成员单位商议联盟换届及架构调整;去广交会主持了中国商务部国家茧丝绸协调办公室主办的"中国丝绸创新发展"沙龙。11月,《锦程东方》纪念册完成印制,可以作为很多会议的纪念品赠送,继续传播丝绸文化。12月,参与组织召开国际丝绸联盟成员大会,卸任联盟秘书长;参加杭州东方丝绸文化与品牌研究中心理事会,再卸任中心理事长。

三、人生转折的一年

从旅行的踪迹和工作的痕迹中可以看到，2019年是我正式退出职场回归家庭，逐渐从工作转向旅行的一年。我已68周岁，我一直秉持人年长了，应该优雅地退出职场，应该提供舞台让更年轻有为的人去施展才华的思想。我此生已工作51年，支过边，吃过苦，上过学，拯救了一家濒临破产的丝绸企业，把它从最小做到最大，打造了一个"最美工业园区"，创建了杭州丝绸行业协会并发起筹建了国际丝绸联盟，也出过企业管理专著，兼任过高等院校的院长、硕导。我的人生经历了很多，感悟也有很多，同时也认识到了个人的渺小。我一生中可谓疾病缠身，四次胃溃疡大出血，病毒性心肌炎，室性早搏，急性甲肝，因严重睡眠呼吸停顿症两次手术，还做过胸腔肿瘤手术，因高血压和糖尿病服药二十多年，虽然现在貌似身体和精力都还尚可，但已历经红尘、洗尽铅华，是时候放下工作，归隐田园了。我称2019年为转折的一年，是指从工作转向家庭，从发奋进取转向急流勇退。我今后将转入人生的下一个阶段，以旅行为主，以保持健康为主。再多去一些想去还没去的国家，游历名山大川，欣赏世界遗产，拍些喜欢拍的照片，写些愿意写的文字，继续做些有意义有价值的小事，修身养性，保持善良，与妻执子之手，白头偕老。

我也借此机会，郑重且真诚地向曾经帮助过我、支持过我、结交过我的领导、同事、同学、朋友和亲人们致以深深的感谢！谢谢你们！